現代アメリカのガン・ポリティクス

鵜浦　裕

東信堂

はじめに

一　銃を通してアメリカを広くとらえる

アメリカにおいて銃は建国以前から重要な役割を果たしてきた。

宗教の自由や経済のチャンスを求めてヨーロッパからきた祖先たちにとって、銃はまず、自衛とサバイバルに欠かせないものだった。彼らは銃を片手に未開地を開拓し、自分や家族や家畜を守り、獲物をとったり、害獣を殺したりしてきたのである。

イギリスの常備軍を退けた独立戦争では、アメリカ植民地の民兵の活躍が決め手となった。彼らが手にした銃が「人民」による「神の国」の実現に大いに貢献したのである。建国後もしばらくは、有事のさいの兵隊として、市民を武装させておく必要があった。イギリスの報復に備える一方で、統治者に軍を常備させることへの不信もあったからである。また奴隷の反抗や逃亡を罰し、インディアンと戦うためにも、白人の支配者たちは銃を必要とした。

こうした諸事情から、アメリカ建国の創始者たちは、銃の保有・携行を合衆国憲法が保障する人権の一つとして制定したのである。

それから二百年以上たった今、銃はアメリカがかかえる深刻な問題の一つとなっている。銃による暴力を誰も抑えることができない救いがたい状況を呈しているのである。

一万八千人の自殺、一万二千人の他殺を併せて、銃による犠牲者の数は年間三万人を超える。この数字は、たった四年間で、朝鮮戦争からイラク戦争までのアメリカの戦死者数を上回る。治安の悪い都市部ではギャングどうしの抗争が絶えない。週末ごとに三〇人が亡くなるシカゴはイラク戦争のイメージを重ねて、「シラク」の異名をとるほどである。銃撃による大量殺人事件も頻発し、一度に数名の犠牲が出る事件さえ「よくあること」の一つになりつつある。

二〇一五年の統計で銃の犠牲者数を国際的にみると、アメリカに次いで多い順に、ドイツの八一九、オーストラリアの二〇七、イギリスの一四六、オランダの九六である。日本はわずか六である。アメリカの数はまさに突出している[WP: Jan 6, 16]。

ところが政府は、連邦も州も、この惨状に対して効果的な対応策をすすめようとしない。銃の権利の保護を唱える勢力のほうが強いこともあり、連邦政府は"guns-everyone" "gunseverywhere"という彼らのスローガンに対抗できない。さらには州政府のなかには積極的に銃の権利を拡大するところもある。多くの市民は、いつ起こるかわからない銃撃事件に怯えながら生活しなければならない。自衛力を高めようとする人たちも少なくない。彼らは高性能の銃に買い替え、シューティング・レインジ(射撃場)を予約し、練習する。ショッピング・モールや学校など、ターゲットにされやすい施設では、銃撃に対する防衛訓練を始めている。

結果として、銃産業は発展し続けている。

果たして銃による暴力を防ぐには銃しかないのだろうか。銃による犠牲がピークを迎える、まさにその時、アメリカじゅうが銃への依存を強めようとしている。この意味で、今日のアメリカの銃問題は救いがたいのである。

なぜそうなるのか。この「大きなテーマ」の答えを求めて、建国から現在にいたるまで、また連邦から州にいたるまで、一気に概観したい。それが本書の狙いである。アメリカ政治の基本的な視点に沿いながら、一部の移民がもたらす暴力を認める文化、銃産業における金融資本の参入、暴力的なビデオ・ゲームの影響、メキシコ系麻薬カルテルによる違法購入の手口など、この問題の広がりを示したい。それは決して銃にとどまることなく、国全体を広くおおう。

さて、本書の「大きなテーマ」の答えを求める視点は以下の通りである。

まず、合衆国憲法の修正第二条は銃の保有・携行について、具体的に何を保障しているのか。

条文には二七語しかなく、「誰が、どこで、どのようにして」保有・携行してよいのかなど、詳細は書かれていない。その詳細について連邦最高裁はどのような判断を下しているのか。

第二に、アメリカ政治の基本的な対立の構造に、銃問題はどのように組み込まれているのか。保守とリベラルに分かれる二大政治イデオロギーの対立、共和党と民主党という二大政党の対立、東部、中西部、西部、南部など、地域的な対立、都市部と農村部の対立、そして銃産業とその他のビジネスの対立などがある。これらの対立は、互いにどのように重なっているのだろうか。そしてこれらの対立は銃の「権利vs規制」の対立とどのように重なるのだろうか。

第三に、銃問題をふくめた基本的な政治対立を、草の根レベルから政府レベルへとつなぐ、利益団体の役割をみる。

有権者の政治参加は草の根レベルから始まる。経済であろうと社会であろうと、イシュー（争点）をめぐる賛否の態度を明確にした業界団体、市民団体、シンク・タンクなど各種の団体が巷で、有権者に働きかけ、活発に組織化する。その主張に共鳴する有権者はその団体の会員となり、会費を払う。こうして資金力と集票力を備え、献金を中心とした選挙活動を通して、それぞれの立場に好意的な候補者を州議会や連邦議会に送り込む。結果として、草の根レベルの対立は、州政府や連邦政府に持ち込まれ、州知事や大統領を当選させた陣営、また議会の多数派を実現させた陣営が、自らの主張を実現させることになる。

このような参加型の民主主義プロセスにおいて、銃イシューをめぐる利益団体はどのような活動をしているのだろうか。

第四に、議会、大統領と行政、そして連邦司法からなる、連邦政府の対応をみておきたい。まず連邦議会はこれまでどのような連邦法を制定してきたのか。なぜ銃規制法案が可決されないのか。政権によって、銃イシューに対する大統領の姿勢はちがうのだろうか。また行政の取締りは十分におこなわれているのだろうか。最高裁を頂点とする連邦裁判所は銃イシューについて、これまでどのような判決を下してきたのか、そして現在、修正第二条をどのように解釈しているのか。

そして最後に、州レベルの動きにも注目する。州によって銃規制にどのようなちがいがあるのだろうか。連邦法と州法が異なる場合、連邦制は両者の関係をどのように調整するのか。一つの州の銃規制は他州のそれに影響するのだろうか。

これらの問題に加えて、他のホットな社会イシューとのつながりをみることも重要である。政治のレベルでは、すべての社会イシューは決して単独で存在していない。

本書では取り上げていないが、人種差別、避妊・中絶、性的マイノリティ、マリファナなど、アメリカがかかえる社会イシューはどれも深刻かつ複雑である。もともと銃イシューと直接つながるものもある。とくに人種問題や薬物犯罪とは不可分の関係にある。とくにメキシコ国境沿いのアリゾナ、ニューメキシコ、テキサスなどのいわゆるボーダー・ステイトでは、麻薬と銃の密売が著しい。黒人教会や中絶クリニックも銃撃による大量殺人の現場となっている。

経済問題のように、対立の当事者が数字のレベルで妥協し、歩み寄ることができればまだよい。しかし銃をふくめ、これらの社会イシューは生命、自由、平等、宗教、善悪の基準など、個人の根本的な価値観にかかわるため、多くの場合、相手の主張を拒否したまま、選挙か裁判で決着をつけるしかない。しかしその決着すら、新たな対立の仕切り直しにすぎず、亀裂が深まるだけである。まさに社会を引き裂く、ウェッジ・イシューと呼ばれる所以である。

このように「銃」は、アメリカの建国の理念、歴史や文化に深く根ざしているだけではない。政治的な視点に立てば、他の重要な社会イシューとつながる広がりをもつ。したがって「銃」に照準を合わせることで、アメリカについて多くを知ることができるだろう。

日本は民主主義体制をとるはるか以前に刀狩を実施した。また明治維新には廃刀令もおこなった。そのこともあり、銃など武器をもたないことを当たり前だと考える。私たちにとって、銃とともに民主主義を成立させる一方、銃の暴力に苦しむアメリカは、どのような意味をもつのだろうか。確かに私たちは銃の暴力を免れている。しかしアメリカ人の目からみれば、私たちの安全感覚は個人についても国についても、かなり甘くみえるだろう。結果として、本書はそのようなメッセージをもつことになるかもしれない。

二　全体の構成

本書は「銃の現状」を扱った第一章から始まり、「州レベル」を扱った第一〇章で終わる。第二章から第五章まではガン・ポリティクスに影響する条件を扱っている。第二章は大枠としての修正第二条を説明する。すべての政治論争は憲法に始まり憲法に終わる。第三章から第五章は、政治イデオロギー・党派性、地域性、そしてビジネスをそれぞれ、銃イシューに対立の構図を与える独立した条件として説明した。

後半の第六章から第一〇章までは、前半の独立した条件に左右されるものを扱う。第六章で扱う利益団体は銃の権利派、規制派に分かれ活動している。第七章から第九章の三章は、主に二一世紀に入ってからの連邦議会、行政、最高裁の動きを扱う。第一〇章は州レベルの動きを追っている。州の独立性と同時に、連邦政府と州政府の関係にも着目する。州独自の動きもみられるが、最高裁判決に州法を合わせ、連邦に従属する動きもみられる。

ちなみに第一章を除く各章では、まずその章タイトルが示す分野の基礎的な説明をしたうえで、その分野の銃イシューや最近の事例や関連事項を説明するように心がけた。最初に基礎的説明を置いたのは、そのほうがわかりやすいと考えたからである。また避妊・中絶、性的マイノリティ、マリファナなど、一見私たちにとってわかりにくい他の社会イシューについても、それらの状況を推測するのに役立つと考えたからである。

三 オンラインの報道などを利用して

本書の情報源は、銃関連の著書、世論調査、政府や団体の報告書や統計、そしてオンライン版の新聞や雑誌である。

世論調査としては主に、『ギャラップ』のオンライン版を利用した。確かにこれは一部の人たちの、一時的な反応を瞬間的に切り取ったスナップショットにすぎない。それを拡大解釈することになるかもしれない。料理の味見や健康診断など、日常的に、一部をみて全体とみなすリスクを犯しているように、慣れている分、このリスクに気をつけなければいけない。

新聞としては『ワシントン・ポスト』、『ニューヨーク・タイムズ』、『ウォールストリート・ジャーナル』を参考にした。三紙とも、記事だけでなく、写真、統計、地図を使った州別の説明、その他のグラフィックなプレゼンテーションも多い。『ギャラップ』のグラフとともに、教室のスクリーンで重宝している。

ただ、報道メディアにも政治性や営利性があり、その影響を免れない。世論調査によると、それに対するアメリカ国民の信頼度はきわめて低い。政治報道に定評のある『ワシントン・ポスト』紙は、二〇一三年、アマゾンのCEOジェフ・ベイゾフ個人に買収された。それ以降オンラインの小売りに関する記事にはその断りが入っているが、このさき、その報道にどのような変化があるのか、気になるところである。

それでは「銃社会アメリカ」の現状から始めよう。

現代アメリカのガン・ポリティクス／目次

現代アメリカのガン・ポリティクス

第一章　銃社会の現状

一　銃が蔓延する社会

一般に銃器はハンドガン（拳銃）、ショットガン（散弾銃）、ライフル（小銃）の三タイプに分かれる。それぞれのタイプは、銃弾の装填の仕組みに基づいて、マニュアル（手動）、セミオートマチック（半自動）、フルオートマチック（全自動）の三モデルに分かれる。マニュアルは、引金を引くたびに、銃身から薬莢を取り出し、新しい弾を自分で装填しなければならず、撃鉄をあげるなどの動作を必要とする。半自動とはそれらが自動化されたモデルをいう。フルオートマチックは軍など政府仕様のみに限られる。**表1**は基本的なタイプやモデルについてまとめている。

表1　銃器の基本的モデルとタイプ

弾の詰め替え方式	マニュアル（手動）	セミオート（半自動）	フルオート（全自動）
ハンドガン （拳銃） 	リボルバー（撃鉄をあげて弾を装填する）ともいう。 スミス・アンド・ウェッソンのモデル10、コルトのシングル-アクション・アーミー、ウェブリーなどが人気。 無規制。	引金を引くと、新しい弾の装填まで自動化。	なし。
ショットガン （散弾銃） 	ポンプ・アクション（によって弾を詰め替える）ともいう。 レミントンのモデル870、ウィンチェスターのモデル1300、モスバーグ500などが人気。 ほとんど無規制。	引金を引くと、新しい弾の装填まで自動化。 ウィンチェスターのスーパーX3、ブラウニング・ゴールド、サイガ12などが人気。 禁止する州もある。	なし。
ライフル （小銃） 	レバー・アクションやボルト・アクション（によって弾を詰め替える）ともいう。 レミントンのモデル700、ウィンチェスターのモデル70、マーリンのモデル336などが人気。 ほとんど無規制。	引金を引くと、新しい弾の装填まで自動化。 「現代狩猟ライフル」や「戦闘用ライフル」などの名称で知られ、AR-15が人気。 特定のタイプを禁止する州もある。	引金を引くと、発砲し続ける。 M16（AR-15の軍事仕様）、M249（分隊支援火器）、M240B（ミディアムサイズのマシンガン）が有名。 市民には全面禁止。

さて、銃器はアメリカにどれくらいあるのだろうか。

報道によれば二〇〇九年の時点で、三タイプはそれぞれ、一億一千四百万丁、八千六百万丁、一億一千万丁あり、合計で三億丁を超える。そのほとんどが国内で生産されたものであるが、アメリカは毎年、三百万丁の外国製品も輸入しているという[WP: Mar 20, 13]。

巷に流通する数はアメリカの人口三億二千万人を上回るが、そのなかで、銃器をもつ人はどれくらいいるのだろうか。

世論調査によると、一九九〇年頃からの二〇年間、銃の所有について、世帯ベースでみると、その割合は五割前後を推移し、二〇一一年後半では、四七%を示す。個人ベースでみると、その割合は一割ほど低くなる。世帯の誰かが所有しているが、自分自身はもたないという人がいるからである。また女性の割合のほうが低い。そして学歴が高いほどその割合は低いのである[GP: Oct 26, 11]。

アメリカの銃保有率は世界的にみると例外的に高い。ある団体が作成した世界地図（図1）の通り、一〇〇人当たりの保有率が七五を超える国はアメリカだけである。アメリカの人口は世界の五%未満である。しかし世界で市民がもつ銃の三分の一から半分近くの銃がアメリカにあるという[WP: Dec 3, 15a]。

アメリカ人が銃器をもつ理由は何か。世論調査によると[GP: Oct 28, 13]、銃をもつアメリカ

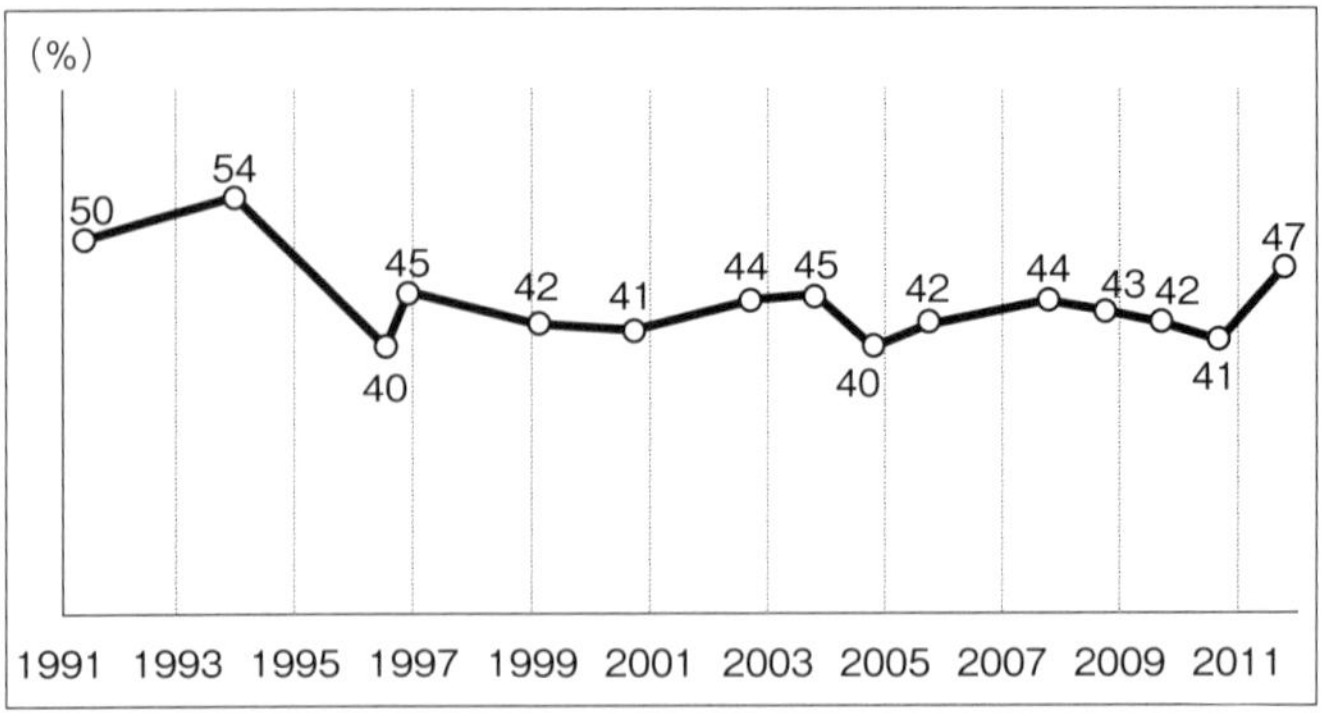

GALLUP

グラフ１　合衆国の銃の保有率、世帯別　1991-2011

［GP: Oct 26, 11］

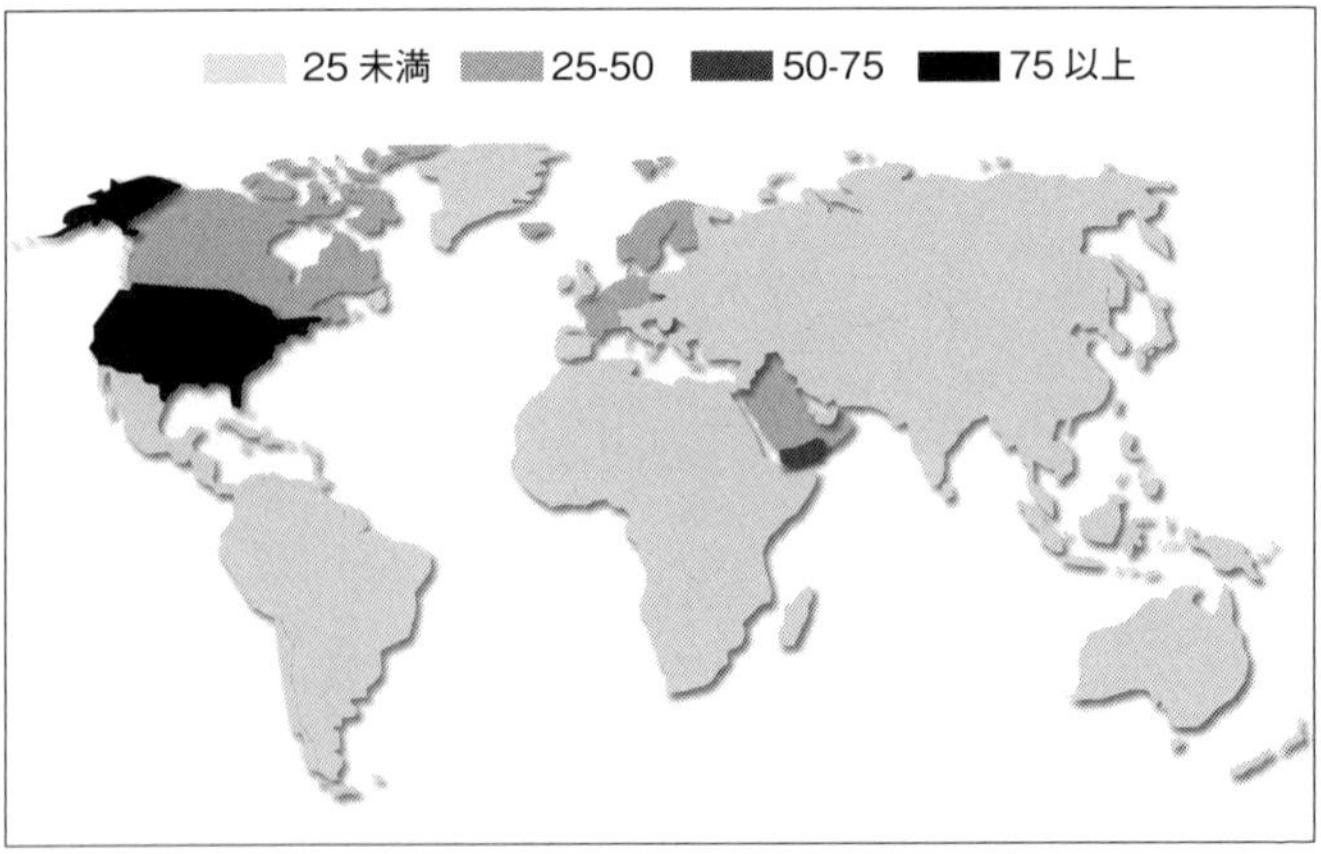

図１　国別の銃器の保有率（100 人当たり）

［WP: Dec 3, 15a］

人の六〇%は、その主な理由として、個人や家族の安全、財産としての敷地を守ることをあげる。つまり銃を「自衛」のための手段とみなしているのである。そのほか「ハンティング」をあげる人たちが三六%、「レクリエーション・スポーツ」をあげる人が一三%、「修正第二条の権利」をあげる人が五%いる。

アメリカ人は「自衛」にナーバスである。家では、弾を装填した状態で保管している。なかには枕元に置いて寝る人もいる。外出のさいには必ず携帯する人もいる。子どもの送り迎えのさいには、車のダッシュボードに入れる親もいる。国立公園ではバックパックに忍ばせるアウトドア派もいる。ハリケーンや大雪の予報があり、一時的にインフラや警察機能の麻痺が予想される場合には、水、食糧、懐中電灯、ラジオなど、サバイバルの基本アイテムに加えて、彼らは保管する銃の状態をチェックすることも忘れないだろう。

またハンティングやスポーツを家族で楽しむ人は多いし、狩猟を生活の糧とする人も少なくない。したがって、自衛のために標準的なハンドガンを、またハンティングやスポーツのためにショットガンをもつことも理解できる。

しかしなぜ戦闘用の機能をもつ銃器までもつ必要があるのだろうか。ズーム機能を備えたスコープやフラッシュ・サプレッサー（銃身の先端に装着し発砲時の発火炎を抑える）や高容量のマガジン（弾倉）などが、日常の自衛に必要だとは思われない。それらはかつて連邦法で禁止されていたこともある。

またハンティング用にたくさんの小弾丸で広いエリアを狙うように設計されたショットガンに、セミオートマチック(半自動)や戦闘用の機能が必要だろうか。しかしそれらはカリフォルニアなど、銃規制の厳しい州でしか禁止されていない。

さらに長い銃身の内側を施条することで的中精度を高めたライフルにも、レバー・アクションで弾を詰め替える伝統的なマニュアル・リロード・モデル(手動)のほかに、戦闘用の機能をもつセミオートマチックが必要であろうか。ちなみに、引金を引くと、発砲し続けるフル・オートマチック(全自動)モデルのライフルは一九三四年から全面的に禁止され、軍事使用に限られている。

銃弾を装填するための容器であるマガジン(弾倉)についても、容量の小さい固定式のほかに、ボックス、ドラム、ロータリー、タビュラーなど、着脱可能の大容量のものが必要だろうか。一〇発〜三〇発程度のマガジンが多いが、なかには一〇〇発のものもある。これらもかつて連邦法によって禁止されていたことがある。

戦闘用の機能をもつ、高性能の銃器やマガジンが普及する背景には、マニアや退役軍人の嗜好がある。たとえば、テレビドラマ『マイアミ・バイス』で有名になった、大型のハンドガンであるタクティカル・ピストル(半自動)は高容量マガジンを標準装備し、戦闘用のＴｅｃ-９、Ｕｚ

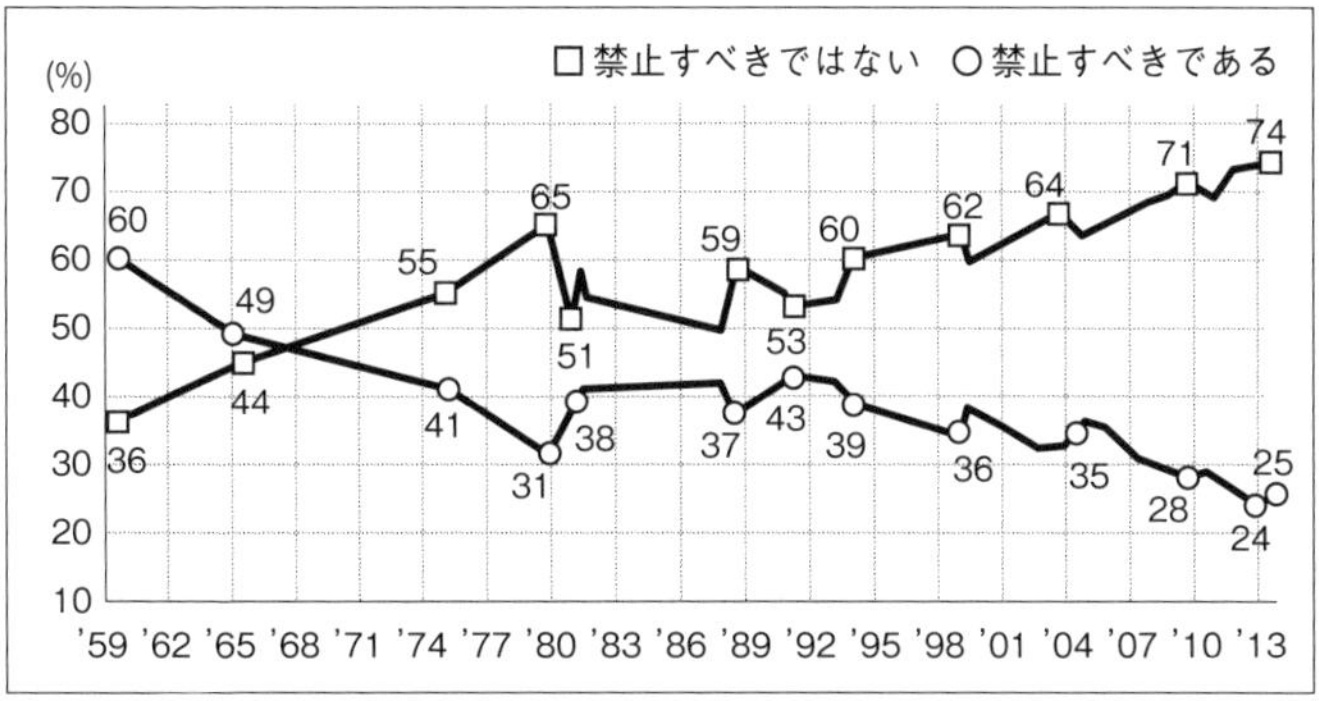

GALLUP

グラフ2　拳銃所有の禁止に対する賛否の割合、1959-2013

[GP: Oct 25, 13]

i、MAC-11などの製品は人気である。

しかしそれだけではない。ときおり起こる乱射による大量殺人事件の犯行にそれらが使われるからである。万が一の場合、警察の到着が間に合わない以上、その間、自衛のために犯人の銃器と同等以上の性能をもつ銃器が必要だと考える人たちがいるのである。彼らは近所で発砲事件が起きれば、強い不安から、犯人が使った武器の情報を求め、自分のものと比べる。劣っていれば性能の高い銃へ買い替え、必要があればシューティング・レインジへ通う。

したがって、銃の権利の侵害や規制の強化に賛成できない人は多い。たとえば「警察官や政府から認可された人を除き、拳銃の所有を禁止する法律を作るべきかどうか?」という質問に対する世論調査の結果は**グラフ2**の通りである[GP: Oct 25, 13]。

それによると、この種の禁止法を支持する人の割合は、一九六〇年の六〇％から、七〇年代なか頃に五〇％を割り、二〇一〇年の二九％にいたるまで長期的な減少傾向を示している。反対に、禁止法に反対する人の割合は、一九六〇年の三六％から、七〇年代はじめに五〇％を超え、二〇一〇年の六九％にいたるまで、長期的な増加傾向を示している。

このように、銃規制の強化を求める人の割合が減る、あるいは銃規制に反対する人の割合が増えるなど、世論は銃規制を求めない方向を示していることがわかる。

ジョン・F・ケネディやマーティン・ルーサー・キングJr牧師のような要人の悲劇的な暗殺事件や乱射事件のあと、一時的に、銃規制を求める人の割合が増え、連邦法の成立につながることもあった[WP: Jan 12, 11]。その動きはグラフ上の小さな上下に反映されている。しかし近年、多くの乱射による大量殺人事件が頻発しているにもかかわらず、銃規制を求める人が減り続け、むしろ反対する人が増え続けているのである。

二　簡単なアクセス

銃を手に入れるために、最初に必要なものは許可証である。まず成人した市民は、ふつう、最寄りの警察署などに申請し審査を経て、銃の許可証を取得する。履歴などに問題がなければ、当局は原則として、それを発行する。ただし州によって重要なちがいがある。履歴などに問題がなければ発行しなければならない法をもつ州「シャル・ステイト」(Shall-State)と、問題がなくとも、当局に裁量の権限を残す州「メイ・ステイト」(May-State)がある。詳しくは後述する。ちなみに未成年者であっても、狩猟用など、特定タイプの銃の所有が許可される。

次に許可証を得た人がじっさいに銃を入手する方法についてみていく。

どのような銃を買うか、迷うほど種類は多い。銃に関する製品情報はあふれている。新聞広告や専門誌がたくさんある。最近では、メーカーやディーラーのサイトだけでなく、意見広告団体のサイトなど、インターネットからの情報も多い。またハリウッド映画の乱射シーンやシューティング・ゲームなどのビデオ・ゲームは、娯楽であると同時に、銃器のカタログとして、購買意欲を強くそそるものが多い。

売れ筋は、セミオートマチック・ピストルである。さらに戦闘用のセミオートマチック・ライフルの人気も高い。かつて主流だったリボルバー（六連発）は、今や、マニアのための骨董品となりつつある。

一般に市民は、ガン・ショップで購入する。ショッピング・モールのスポーツ店やアウトドア店では、たいてい、連邦政府から販売ライセンスを与えられた正規のディーラーが銃の販売コーナーを構えている。あるいは単独のガン・ショップもいたるところにある。その店舗数は全国で一一万五千を超えるという。買い手はコンピューターでＦＢＩのデータベースに履歴を照会され、問題がなければ、銃、ライフル、弾、マガジンを買える。ついでにコンバット・ギアや防弾チョッキなど、マニア用のグッズも買える。

ほかにも、ほとんど毎週末、国内のどこかで開かれる、ガン・ショーに出かけて買うこともできる。この展示即売会には、正規ディーラーに加えて、販売ライセンスのないガン・マニアやコレクターも個人として出店する。護身用、狩猟用のものだけでなく、戦闘用の半自動小銃なども販売される。さらに、インターネットを利用した個人レベルの取引、家族や親せきからの贈与、近所の知り合いや友人からの譲渡もある。

ただしこれらは、連邦政府の監督下にある正規ディーラーの販売とちがい、買い手の犯罪歴チェックが義務づけられていない。加えて、密売などの違法取引もある。また精神疾患、薬物、犯罪など、履歴に関するＦＢＩのデータベースが不完全であるため、正規ディーラーのチェックも正確ではない。さらに銃の紛失や盗難もある。

しかし世論をみると、銃器の販売の規制に反対する人が多数派である。そもそも売る人がいなければ、銃を手に入れることが難しく、銃をもつ権利が十分に保証されなくなるからである。

世論調査をみると、「銃の販売を規制する法律を厳しくすべきかどうか？」について、「より厳しくすべきである」と答える人は二〇〇〇年の六二％から二〇一三年の四九％に減り、「現状維持」と

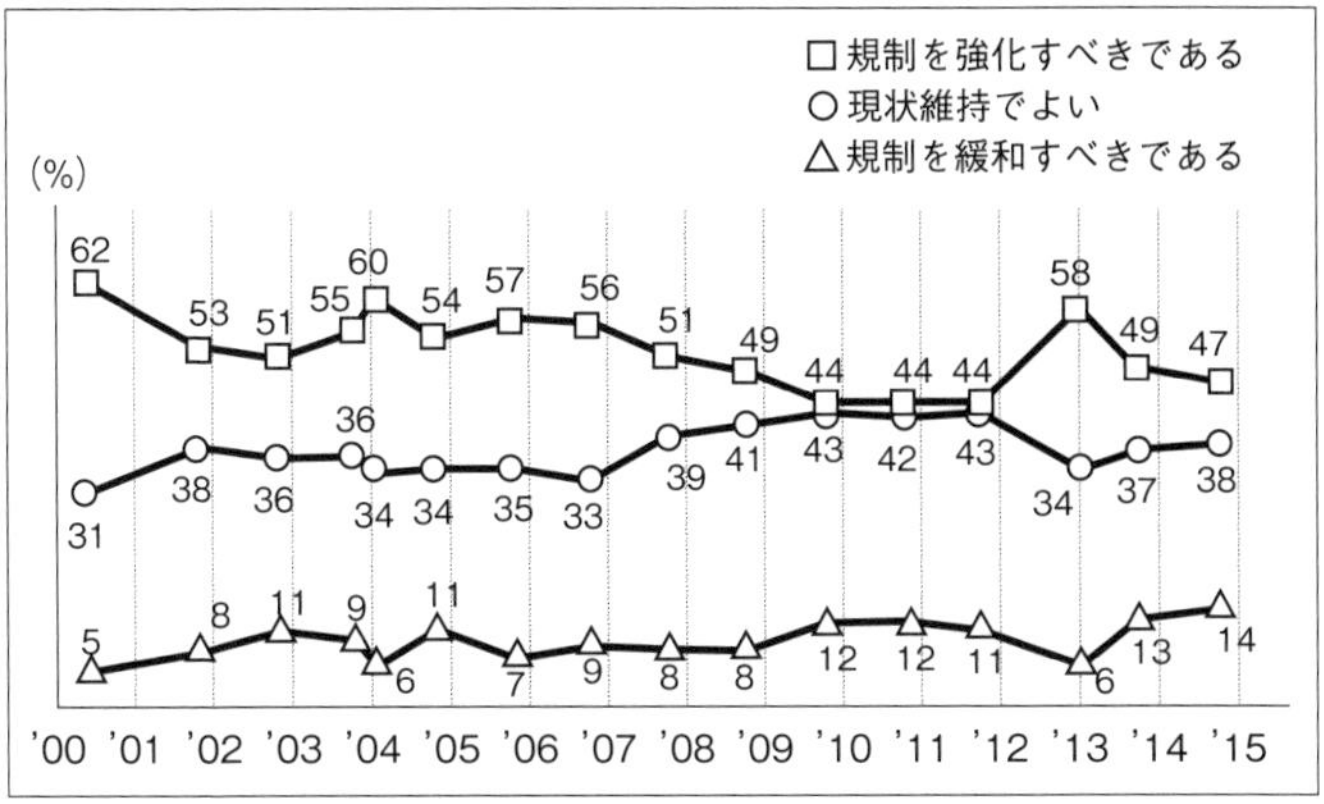

GALLUP

グラフ3　銃器販売の規制法に対する意見、2000-2014

［GP: Oct 31, 14］

答える人は、同じ期間、三一%から三七%に増え、そして「緩和すべきである」と答えた人は、同じ期間、五%から一三%に増えている[GP: Oct 31, 14]。銃の販売の規制についても、反対が強く、「現状維持」と「緩和」を望む人の割合は、併せて、五割になる。またこのグラフにも乱射事件の影響とみられる、一時的な増減がみられる。

　銃は、日常生活に欠かせないものではないが、かといってあるだけでよいというものでもない。いざというときに使えなければ意味がないのである。退役軍人、ターゲット・シューティングのアスリート、取締り当局の職員は別として、一瞬のチャンスを逃さず引金を引き、他の市民を巻き添えにせず正確に的を射るのは、普通の人には難しい。そこで必要とされるのが、射撃術を磨くための練習場所である。

アメリカにはシューティング・レインジと呼ばれる射撃練習場が郊外にたくさんある。なかには防音の最新設備を備えたインドアの練習場もあり、初心者のための講習や警察官のための研修も開かれる。また、広大なアウトドア施設では、クレイ射撃など競技用の練習もできる。マニアのためのイベントなども開かれ、ハリウッド映画のシーンさながらに、高性能の自動小銃や、けた外れの破壊力をもつバズーカ砲まで経験できるロケット・ローンチャー（発射装置）などもある。フラストレーション解消に訪れる人もいる。ボーイ・スカウトのための研修も開かれる。また家族でハンティングを楽しむためか、父親が小学生の娘にライフルの撃ち方を教える、親子連れもいる。

しかし痛ましい事故がないわけではない。たとえば二〇一四年八月、アリゾナ州モハベ郡のシューティング・レインジで、「グラウンド・アドベンチャー」プログラムに参加し、大型ハンドガンのタクティカル・ピストルを発砲した九歳の女児が、誤ってインストラクターの右頭部を打ち抜いた。ヘリコプターでラス・ベガスの病院へ搬送されたが、インストラクターは死亡している[WSJ: Oct 2, 14]。最終的に事故として処理された。しかし疑問は残る。なぜ九歳の女児が全自動のタクティカル・ピストルを経験する必要があるのか。九歳の女児にとってはもちろん、私たち日本人にとっても、発砲のさいのキックはかなり強い。そのためうまくコントロールできずに起こった誤射だといわれている。

三　避けられない犠牲

殺生に特化した道具である銃をここまで自由化する国は、それなりの代償を覚悟しなければならない。しかも銃の性能が飛躍的に進化した現代では、その規模が小さいはずはない。

ＣＤＣ(Centers for Disease Control and Prevention, 疾病予防管理センター）の統計によると[CDC, 2010b]、銃による死者数は交通事故のそれに匹敵する。年間三万人を超え、先進国では異例の高さである。そのうち五分の三が自殺、残りの五分の二が他殺である。自殺の場合、一日分に換算すると、その数は五〇人近い。ほかの手段をとれば、未遂に終わったかもしれない自殺も、銃を使えば、確実に目的を果たせる。また他殺の数は三〇人を超え、その時点で史上最大の犠牲者を出したバージニア工科大学乱射事件の三二人に匹敵する。銃器は自殺の手段としても他殺の手段としても、致死性が高いのである。ちなみに、負傷者は年間二〇万人を超える。

銃器による自殺の場合を少し詳しくみてみよう。ドレクスラー [Drexler: Spring 2013] によると、自殺は死亡原因の第一〇番目である。二〇一〇年、合衆国の自殺者は三八、三六四人であるが、その過半数が銃器を使っている。未遂事件をふくめると、銃器は最頻の手段ではないが、その致死率は八五％である。最頻の手段である薬物の過剰摂取の場合の三％に比べると、圧倒的な高さである。さらに公衆衛生の立場から、銃器を所有する世帯における自殺の致死率はそうでない世帯の自殺の致死率より高いという。

いうまでもなく、統計的にはワイオミング、モンタナ、アラスカなど、銃器を所有する世帯の割合が高い州ほど、銃器による自殺件数が多い [Miller & Hemenway: 2008]。

銃器による他殺の場合を少し詳しくみてみよう。司法省統計課の統計 [BJS: May 2013] を使い、内訳を詳しくみると、二〇一一年の銃犯罪は四七八、四〇〇件である。そのうち射殺事件は二％であるが、一一、一〇一人が射殺されている。一九九三年の銃犯罪一、五四八、〇〇〇件、死者一八、二五三人に比べるとかなり減っている。

犯罪に使用される銃器のタイプをみると、二〇一一年の射殺事件の場合、ハンドガンが七二・九％、ライフルやショットガンなど高性能の銃器が二七・一％を占めている。

銃犯罪の他殺率(殺された人の人口一〇万に対する比率)をみてみよう。性別では(二〇一一年)、男性六・二、女性一・二である。年齢別では(二〇一〇年)、一八〜二四歳の一一・九、二五〜三四歳一二・四が圧倒的に高いが、学齢の一二〜一七歳二・七も目を引く。人種別では(二〇一〇年)、黒人一四・六、ヒスパニック四・〇、白人一・九、ネイティブ・アメリカンなど二・七、アジア系など一・〇である。地域別では(二〇一〇年)、南部四・四、中西部三・四、西部三・〇、東北部二・八である。

ギャングの若者など、争いの決着を銃でつけようとする人たちは若い男性に多い。たとえばニューヨーク市の場合をみると、殺人の犠牲者となる割合は、同年齢層の女性の九倍である。彼らは同市の人口の一二%にすぎないが、犠牲者の半数以上を占める。もちろんその多くは黒人で、ヒスパニックの三倍、白人の一二倍に上り、黒人男性の平均寿命にさえ影を落としているという[NYT: Sept 2, 10]。

また子どもの犠牲も少なくない。とくに一四歳以下では、自殺、他殺、偶発事故など、銃により毎日一〇人が命を落としている。これは二五の先進国の平均の一二倍に当たるという。さきのBJS統計でも、五〜一八歳のうち銃器で殺された人は一、五七九人(二〇〇八年)いるが、そのうち学校で殺された人は一一人である。暴発事故の犠牲もある。テキサス州ヒューストンの小学校のカフェテリアで、幼稚園児が落とした拳銃が暴発し、その破片で小学生が負傷した事件もある[WP: Apr 19, 11]。こうした事情から学校は銃問題にかなりナーバスになっている。たとえば指をピストルの形にして他の生徒に向けて撃つ真似をした生徒が逮捕されたり、柔らかいパンをピストルの形にして撃つ真似をした生徒が停学処分になったりしている[WP: Feb 18, 13; Oct 15, 14]。

銃犯罪は都市部のほうが圧倒的に多い。祝祭日をふくむ週末の晩のシカゴでは、発砲事件、それによる射殺事件が頻発する[WP: Jul 7, 14]。週末には千名を超える人が撃たれ、犠牲者は一〇人を超え、合計すると、大量殺人事件に匹敵する数字である。医者をはじめ戦場に派遣する医療スタッフの訓練のために、海軍はシカゴの南西部の公立病院と提携しているが、「シラク」と呼ばれる同地域は戦場と変わらない[WP: Sept 5, 14]。

また乱射による大量殺人事件は、近年、その頻度を増している。事件発生から沈静化までの、繰り返されるパターンに慣れたという意味で、日常化しているといってよい。ちなみにFBIは四人以上の犠牲者がある場合、それを大量射殺事件(mass shooting)と定義している。二〇〇六〜二〇一三年の間で、その犠牲者は一四六人だという[UT: Dec 2, 13]。

統計によると[FBI: Sept 24, 14]、二〇〇〇年以降、アクティブ・シューター(active shooter=人の集まる場所で乱射により射殺(しようと)する人)による大量殺人事件の件数が増えている。一三年までの期間に、合計一六〇件、四八六人の犠牲者がいる。とくに二〇一二年には、二一件、九〇人が銃の犠牲となった。事件発生の場所としては、商業地が四五%、学校などの教育施設が二五%である。

犠牲者の多い順に、乱射による大量殺人事件を具体的に並べておこう[WP: Sept 23, 13]。

二〇〇七年　バージニア工科大学事件、犠牲者三二人、犯人は自殺

二〇一二年　コネティカット州サンディ・フック小学校事件、犠牲者二六人、犯人は自殺
一九九一年　テキサス州のルービーズ(カフェ)事件、犠牲者二三人、犯人は自殺
一九八四年　カリフォルニア州マクドナルド事件、犠牲者二一人、犯人は警察により射殺
一九六六年　テキサス大学事件、犠牲者一六人、犯人は警察により射殺
一九八六年　オクラホマ州郵便局事件、犠牲者一四人、犯人は自殺
一九九九年　コロラド州コロンバイン高校事件、犠牲者一三人、二人の犯人は自殺
二〇〇九年　ニューヨーク州移民サービス・センター事件、犠牲者一三人、犯人は自殺
二〇〇九年　テキサス州フォート・フッド事件、犠牲者一三人、犯人は逮捕
二〇一二年　コロラド州映画館事件、犠牲者一二人、犯人は逮捕

ほかにも、二〇〇九年のアラバマ州サムソン事件、ニューヨーク州ビンガムトン事件など、二桁を超える犠牲者を出した乱射事件がある。あるいは下院議員が襲撃され、五人の犠牲者を出した、二〇一一年のアリゾナ州トゥーソン事件がある。二〇一三年のワシントンDCのネイヴィー・ヤード事件、二〇一五年のオレゴン州アンプクワ・コミュニティ・カレッジ事件やカリフォルニア州サンバーナディノ事件、二〇一六年のフロリダ州オークランド事件は記憶に新しい。

これらの犯人には、多くの場合、地方の小都市の若い白人男性、精神疾患の履歴、社会的不

適応、当局による拘留、暴力的ビデオ・ゲーム、過去の大量殺人事件の調査、そして「銃撃」以外に「問題」解決の方法はないという強迫観念などの特徴が共通しているという[WP: Aug 1, 14]。しかしテキサス州フォート・フッド乱射事件の場合、退役軍人である犯人には軽い精神疾患しか確認されておらず、精神的に問題のなさそうな人さえ憎悪や信仰心から事件を起こす可能性を示唆している。また軍のセキュリティ・システムも問題視されている。

また、犯人はいずれも、本人あるいはその家族が「合法的に」取得した銃を用いている。しかもそれらはハンドガンだけではなく、ショットガンやライフル、加えて高性能のマガジンや大量の弾薬を使っているという。

銃の売り上げだけではなく、隠匿銃をもつためのライセンスを取得する講習会への申込者もまた増えている。乱射事件のあとの、これらの現象は何を意味しているのであろうか。その一つの意味を示すグラフを紹介しよう。

それによると、少なくとも、乱射事件が頻発する二〇〇〇年以降、最初は少数派だった「銃をもつほうが安全」だと感じるアメリカ人の割合は増え続け、二〇〇五年あたりで、多数派に逆転している[WP: Aug 1, 14]。反対に、「銃をもつと危険」だと感じる人の割合は、同じ時期に、減り続けている。ここに「大きな問題」の一つの答えがある。それは、「銃をもつほうが安全」だと感じる人たちは、銃の犠牲が大きくなればなるほど、自らも銃をもち自衛力を高めることで、安全を

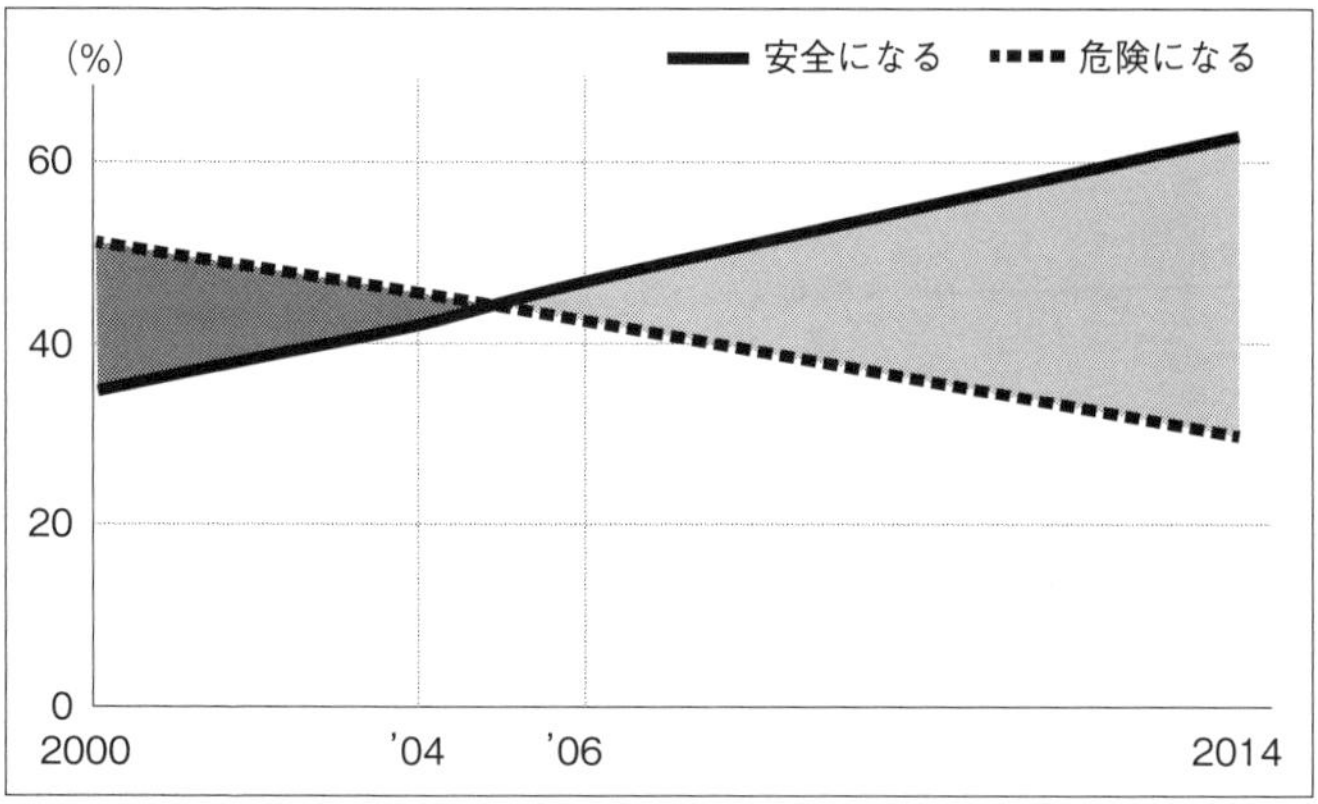

GALLUP

グラフ4　銃があると自宅は安全になると思うか、それとも危険になると思うか　[WP: Aug 1, 14]

確保しようと考える傾向である。

まさに安全に対する感覚の、日米の大きなちがいがある。襲撃事件や災害による警察機能の麻痺は日本にもある。しかしその報道に接して戸締りを強化することはあっても、武器を買いに走る日本人はいったい何人いるだろうか。私たちの自衛に対する感覚は彼らのものとまったく異なるといわざるを得ない。

このようにアメリカでは、「銃をもつほうが安全」だと感じ、銃規制について「現状維持」や「緩和」を望む人たちが多数派を占めている。たとえ、銃へのアクセスが野放し状態に近く、紛失、盗難をふくめ、当局の管理能力を超える数の銃が流通しているとしても、犯罪者、テロ容疑者、精神疾患をもつ人など、本来所持すべきではない人たちにまで銃が行き渡るとしても、そして発砲事件は乱射事件をふくめて「よくあること」になり、犠牲者の数は「戦場」のそれを超えているとしても、彼らの考えは変わらない。

悲惨な現実に直面しても、自衛の権利を優先し銃規制の強化に反対する人たちが多数派を占めていること、これこそまさに世界でもっとも「ガン・フレンドリー」な国の実態であると同時に、問題の根本的解決を妨げている、最初の答えである。

それでは次に、合衆国憲法、とくに修正第二条をみていこう。銃規制に反対する多数派の人たちにとって、それは彼らの主張を正当化する最大の武器となっている。他方、銃規制派の人たちにとって、それは不利な戦いを強いられる足かせとなっている。どのようなイシューであれ、その司法判断、連邦法や州法の適切さ、それらの法の執行方法、賛成・反対の政治運動の正当性など、すべての行動は、最終的に、憲法によって保障され制限される。一言でいえば、アメリカでも、憲法は政治を包み込む大枠である。この意味で、まず修正第二条をみておく必要がある。

第二章 憲法が保障する銃の権利

一 合衆国憲法のなかの人権規定

憲法はその国の運営方法を決めたものである。立法、その執行、その妥当性、政治運動など、すべての行動はその枠内に収まらなければならない。

一七八七年に制定された合衆国憲法は世界最古の成文憲法である。「われら人民は…この憲法を制定する」という前文は、主権がまさに国民にあることを示している。**表2**は合衆国憲法の基本的構成を簡単に示している。とくに「銃」問題に関連する条項がわかるようにした。

前半にあたる本文では、連邦議会、大統領と行政府、連邦裁判所など合衆国を運営する連邦政府の三つの要素が説明されている。議会が作る法を、大統領のもとで行政府が執行し、その法や執行が合憲かどうかを裁判所が判断する。

　合衆国を運営する政府の三大組織の間には、チェック・アンド・バランスと呼ばれる安全装置がいくつも組み込まれ、内部の一組織が暴走できないようになっている。たとえば大統領の拒否権、連邦議会による大統領の弾劾裁判、上院議員によるフィリバスター（議事進行妨害）など多数派の横暴から少数派を守る制度、下院議員の任期をわずか二年に制限している制度などがある。

　また連邦制を規定し、憲法が連邦政府に与える仕事以外のものは、州に任されることになっている。つまり、連邦政府は憲法に明示されていない権限を行使することはできない、「制限された」政府なのである。

政策レベルでは、古くは世界恐慌から回復

表２　合衆国憲法の基本的構成

前文		
本文	第1章 立法部 　第1～10条 第2章 執行部 　第1～3条 第3章 司法部 　第1～3条 第4章 連邦条項 　第1～4条 第5～7章 その他	
修正	第1条 第2条[武器保有権、1791年成立] 第3～9条 第10条[州と国民に留保された権限、1791年成立]	「権利章典」または「人権規定」と呼ばれる部分
	第11～27条	

するためのフランクリン・ルーズベルトのニュー・ディール政策、リンドン・ジョンソンのメディケアやメディケイドなどの公的医療補助政策、そして近くはバラク・オバマの医療保険制度改革のような、全国規模の包括的な立法を難しくするように設計されている。ちなみに彼らはいずれも民主党大統領である。

これらはすべて政府または政府の一部が、かつてのイギリス国王のように、暴走することがないようにするためである。連邦政府は、全体としても、また三権のそれぞれにとっても、全体を無視して暴走できないように作られている。

図2は三者で作られる連邦政府の構造を簡単に示すものである。**図3**はこの構造ができあがった過程を政治思想家の主張をもとに、段階的に示したものである。

かつては王権神授説などにより国王が未分化の三権をすべて統括する独裁を正当化していた時代から、市民の代表からなる議会による立法を主張し、国王といえども、その罷免をふくめた法に従うことを主張したジョン・ロックや、司法権の独立を主張したモンテスキューに影響され、時代とともに国王が統治の権限を一つずつ市民に禅譲していくというより、市民に奪われていく過程を、思想的な背景と対応させながら、簡単に示している。

憲法の後半には二七条からなる修正が示されている。そのうち最初の一〇条は、別名「人権規定」とも呼ばれ、連邦政府が侵害できない、特定の市民権や個人の自由と平等を保障している。

たとえば修正第一条（言論の自由、信仰の自由、集会や請願の権利）と修正第二条（武器（firearms）を保有・携行する権利）は生まれながらの人権をあらわす。修正第四条（不当捜索からの保護）や修正第五条（正当手続きや法の下での平等の保障、裁判を受ける権利）や修正第八条（過酷で残酷な刑罰の禁止）は法執行のプロセスにおいて個人を保護する。そして修正第九条と修正第一〇条は連邦政府の権限の範囲をあらわすものである。

いうまでもなく、これらはイギリスのコモン・ローから受け継いだものであり、その意味で、アメリカ版「権利章典」だといってよい。そもそも王家が独占していたものを、悪行や裏切りのたびに、イギリス市民が一つずつ国王が侵害できない市民の自由や権利として奪い返したものである。合衆国憲法の起草者たちがこれらの項目をわざわ

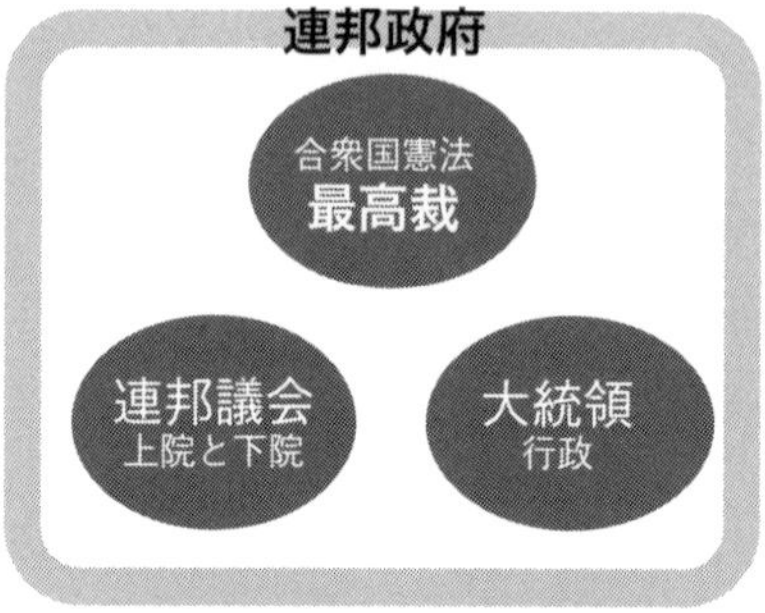

図２　連邦政府の構造

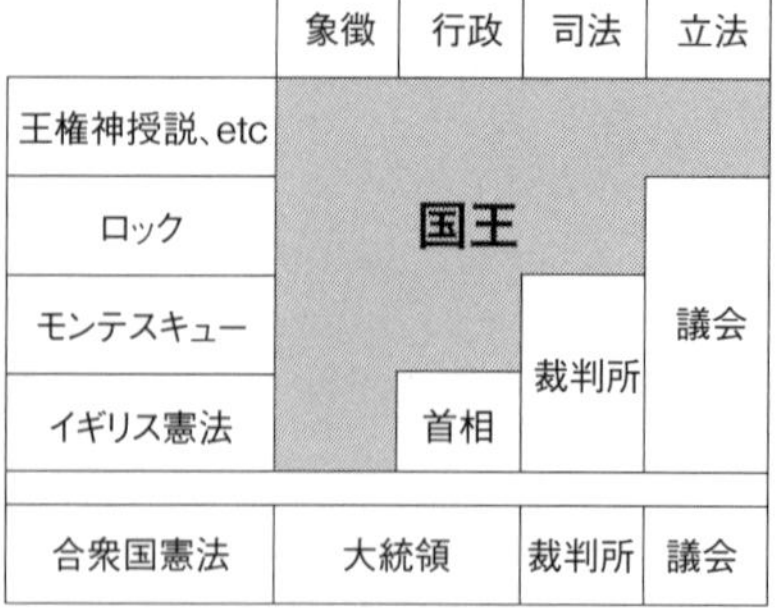

図３　連邦政府の思想的成立過程

ざ制定直後に修正として成文化したのは、『独立宣言』にもある通り、かつて植民地人を苦しめた悪行を、イギリス国王に繰り返させないためだけではなく、同時に独立後新たに設立する合衆国政府に、イギリス王室と同じ過ちを繰り返させないようにするためでもあった。

これらの項目は、三権の分立とチェック・アンド・バランスなどと併せて、連邦政府あるいはその一部の暴走から市民を守る仕組みとなり、強大な植民地に不安をいだく弱小の植民地が憲法案を批准するための条件ともなったのである。つまり、権力者や多数派の横暴から、「人民」が自分を守るための安全装置である。

しかし、いつの世にも権力は堕落と独裁への誘惑にさらされている。とくに合衆国のように戦争をしている国には常にそのリスクがある。たとえば9・11以降、ジョージ・W・ブッシュ政権はテロリストやその容疑者を拷問するなど、ジュネーブ協定違反に加えて、「人権規定」に違反した疑いをもたざるを得ない。ブッシュの断罪を期待され当選したオバマ政権もドローンによる監視、暗殺、CIAによる拷問、国家安全保障局によるアメリカ市民のプライバシーの侵害など、「人権規定」に違反するだけでなく、アメリカ市民までを裁判なしに殺害している。ちなみにプライバシーを侵害する政府の能力については、映画『エネミー・オブ・アメリカ』をみてほしい。いずれにしても、ブッシュの断罪を期待されて大統領に就任したオバマ大統領すら、二期目の終わりには、ブッシュ大統領の方針を踏襲しようとしている[NYT: Oct 18, 14]。

しかし犠牲を払い、自由を勝ち取り、支配者を断罪した歴史を自身の経験として学べる国はまだ幸せかもしれない。なぜ自由や権利の内容を具体的に、国家が手出しできないものとして、一つずつ書き並べるのか。少なくとも「人権規定」の真のありがたみを理解する機会がある。そしてこのなかに、市民の銃器を保有・携行する権利がふくまれているのである。

二 曖昧な修正第二条

市民が銃器を保有・携行する権利を、合衆国憲法は修正第二条として「人権規定」のなかに位置づけている。なぜそれが、言論の自由をはじめとする他の自由とともに、「人権規定」のなかにふくめられたのか。その根本的な理由をいくつか説明しておきたい。

もともとヨーロッパの君主や領主は騎士や臣民に、有事のさいの武器持参の兵役とそのための武器所有を、武器の種類や相続をふくめて、法によって義務づけていた。この「ミリシア」(民兵、militia)の制度が発達したのは、常備軍を否定する理由があったからである。維持費がかさむという支配者側の経済的コストもあれば、常備軍による抑圧を恐れる被支配者側の懸念もあった。

しかしイギリスでは、清教徒革命において処刑された国王チャールズ一世を引き継いだその息子チャールズ二世は、常備軍を設立し、ミリシアを武装解除しようとした。そのため議会は自由への脅威を感じ、チャールズ二世を退位させ（名誉革命）、さらに翌年の一六八九年、イギリス憲法の一部である『権利章典』の制定に成功した。その「臣民の権利および自由」の五番目に次の一条が記されている。

　プロテスタントの臣民は身分相応の、また法が認める範囲で、自衛のために武器を保有してもよい。

　このようにかつては兵役義務の一部とみなされていた、臣民の武器所有が、臣民の「権利」として位置づけられている。しかも国外からの侵略に対する国防だけでなく、国内の暴君に対する自衛の意味もある。臣民による武器所有の新たな考え方が合衆国憲法のなかに受け継がれたが、その経緯は次の通りである。

　当時、代表権や課税権など、植民地は本国の政策にいろいろと不満をもっていた。それを抑えるため、イギリスは常備軍を派遣し、さらに植民地人から、製造をふくめて武器の所有の権利を取り上げようとしたのである。その結果、すでに『権利章典』の「臣民の権利および自由」の一つとして武器所有が認められていることを知っていた植民地人は、本国の暴君の圧政に対する自衛のために、この刀狩に反対した。同時にそれは、独立をめざす植民地にとっては、国防のために武器所有を主張することにもなった。

したがって武器を保有・携行する権利が「人権規定」の二番目にきたとしても不思議ではない。そのなかには、当然、武器を製造・販売する権利もふくまれる。それがなければ、個人の保有・携行の権利が骨抜きになるからである。

いうまでもなく「人権規定」の最初は、信仰、言論、そして結社・請願の自由である。『独立宣言』にある通り、アメリカは神の国を実現するためにやってきた人によって建てられたものである。信仰、言論、結社・請願に対する本国の抑圧政策に対し、植民地人は教会に集まり、初志である神の国の実現ために、銃器を手にして、立ち上がったのである。「人権規定」の第一条が信仰の自由で始まるのは、まさに、この理由による。

現在でも、神の国と自由を実現した、重要な手段の一つとして銃器を考えるアメリカ人がいる。神と武器に対する深い信仰がなければ、この国は生まれなかったと考える。彼らにとって、神と銃はまさに「建国の礎」なのである。

戦没将兵追悼記念日(Memorial Day)、愛国者の日(Patriots' Day)、独立記念日(Independence Day)には、必ず、当時の衣装をまとい、旧式の銃をもった人たちによる、愛国のデモンストレーションがある。またとくに南部の教会では信徒が銃を携帯して集まり、「ブリング・ユア・ガン・トゥ・チャーチ・デイ」など、神の国と武器の関係を説くイベントがおこなわれる。また二〇一五年一二月、国内のテロ行為のリスクが高まったとき、リバティ大学の学長は、学生にキャンパス内での銃の携行を呼びかけた。これらは市民の安全や信仰の自由が危機に瀕したとき、抵抗の重要な手段の一つとして武器を手放さないという意志のあらわれである。

そもそも修正第一条の言論の自由は、政府を批判する権利でもある。信仰の自由は政府に信仰を強要されないことを保障している。また結社や請願の権利は政府に意見する手段を保障している。したがって修正第二条は、単に外敵から自分を守る自衛手段であるだけでなく、政府に抵抗するための最後の手段でもある。

このようにして武器の保有・携行の権利は、その重要性が拡大増幅されて、イギリスから合衆国に受け継がれている。

「人権規定」に武器の保有・携行の権利がふくまれた理由には、アメリカ独自のものもある。

第一に、狩猟など生活の必要性があった。

第二に、治安の悪さ、獰猛な猛禽類などから身を守る、サバイバルの必要性もあった。

第三に、独立直後、常備軍を欠き、不十分な警察力しかもたないアメリカは、イギリス軍の再攻撃に備えて、戦勝に貢献したミリシア(民兵)に頼らざるを得なかった。したがって各州に銃の所有の権限を保障することになった。軍隊を援助するために、民間人を訓練して軍隊に似た機能を果たす組織を作り、敵国や独裁国家の兵士やスパイに備えなければならず、必要に迫られて、銃の保有・携行の権利を市民に保障したのである。

こうして射撃術はすべてのアメリカ国民が習得すべきスキルとなり、その意味でアメリカには、銃の習得をはじめとする民兵の伝統が連綿と続いている。ボーイ・スカウトの訓練内容にもあらわれている。

第四に、たとえば奴隷制維持のための手段として、連邦政府による軍の組織方法が決まらない段階で、ミリシアが銃をもつことを保障しておこうという思惑が、バージニア州など南部の植民地にあり、それらの州に憲法を批准させるために、修正第二条が必要であったという説明である。加えて、「インディアン」への対応を必要とする植民地もあったかもしれない。いうまでもなく、黒人やインディアンに対する差別は、現代でも解決されていない。

このようにいくつかの歴史的な理由から「人権規定」にふくめられたが、その後現代にいたる二五〇年の間に、事情は大きく変わっている。もちろん、奴隷を監視する必要もインディアンと戦う必要もはるか昔に消えている。しかし白人が黒人や原住民を支配するための道具という銃の役割は刑事司法のなかに組み込まれ、形を変えて現代に続いている。

次に、修正第二条の意味するところを逐語的に確認しておきたい。まず原文を英語と日本語訳［アメリカ大使館］を対置しておく。

A well regulated militia, being necessary to the security of a free state,
the right of the people to keep and bear arms, shall not be infringed.

規律ある民兵は、自由な国家の安全にとって必要であるから、
人民が武器を保有しまた携帯する権利は、これを侵してはならない。（傍点筆者）

みての通り、二七語しかないので、一語一語の意味を確定するのが難しい。その曖昧さをめぐって、まさに短歌のように、さまざまな解釈が積み重ねられている。真意は起草者にしかわからないと思いつつも、基本的な問題をあげておく。

第一に、一行目の意味を理解するためには、「規律ある民兵」や「自由な国家」の意味を決めなければならない。原文のstateは州の意味もふくむのだろうか。いずれにしても「民兵」は、国または州の防衛のために、「戦う男」を意味するという解釈が一般的である。さらに「規律ある民兵」とは、たとえば二〇〇二年、連邦控訴裁判所は政府によって設立・統制されている軍隊を意味するという解釈を示している。

第二に、二行目の意味を理解するためには、「人民が…権利」や「武器を保有し…携帯する」の意味を決めなければならない。まず「人民」とは誰を指すか。集団か個人か。「人権規定」のなかで同

じ表現(the right of the people)が修正第一条にもあるが、それは「集団」を意味する文脈で使われている。したがってこの場合も「集団」である可能性が高いという人もいる[Tushnet, 2007]。しかし二〇〇八年、連邦最高裁は、修正第一条の「言論の自由」と同じく、合衆国憲法に先立つ個人の権利だと解釈している。これについては後述する。

ただし一口に「人民」といっても、年齢、犯罪歴、精神疾患など、細かい点についての制限に言及していない。つまりthe peopleから誰を除外するかがはっきりしない。また誰がその権利を侵害することを禁止されているのだろうか。

「武器を保有し…携帯する」は何を意味するか。そもそもどのような「武器」の保有・携帯を保障しているのだろうか。銃といっても、現代では、ハンドガン(拳銃)、ショットガン(散弾銃)、ライフルがある。それぞれ全自動(フルオートマチック)、半自動(セミオートマチック)、手動(マニュアル)に分かれる。さらに弾倉(マガジン)についても、弾数の多いものと少ないものがある。どのタイプが認められるのだろうか。このように科学技術の発達が問題とされる場合、起草以来二五〇年ほどたつので、合衆国憲法は時代遅れになりがちである。

また「保有し…携帯する」は何を意味するか。たとえばマイケル・ドーフ(Michel Dorf)のように、「保有」は個人が所有し使用することを認めるという意見もある。しかし当時、「携帯する」という単語は「軍隊が武器を携行する」ことを意味する場合が多かった。その意味で修正第二条は集団的な権利を意味するという。しかし二〇〇四年、司法省は個人が自衛のために携帯することを認める見解を発表している[NYT: Jan 13, 08]。

最後に、理由または目的を示すと思われる節（一行目）と結果をあらわすと思われる（二行目）との関係がはっきりしない。大使館訳では傍点を施したように、「から」という順接を用いているが、「ように」でもよく、原文だけでは決め手を欠く。

ほかにも、裁判所、病院、教会、職場、学校、レストラン、バーなど、携行可能な場所、オープン・キャリー、隠匿など、携行の方法など、不明な点は多い。

修正第二条は大まかな規定であるため、これらの詳細については、連邦最高裁の判決や連邦法で定めるか、あるいは各州の司法判決や法律でバラバラに定めていくしかない。

三　解釈上の重要な問題

次に、修正第二条の解釈について、よく指摘される重要な問題を二つあげておく。一つは、それが連邦政府だけでなく、州政府や郡・市の自治体にも適用されるかどうか、もう一つは、その権利が民兵のように有事のさいに必要とされる集団だけでなく、個人にも保障されるのか、という問題である。

第一に、州政府などにも適用されるかという問題については、最初のうち、修正第二条をはじめ、「人権規定」は連邦政府を対象とする規定であり、したがって州政府には適用されないと考えられていた。しかし一八六八年に批准された修正第一四条が示す通り、修正第五条の「正当手続き」と「法の下での平等」は、改めて州政府にも適用されている。「人権規定」はそれ以降、州政府を包摂していく傾向にあり、およそ一九七〇年代までにその主要なものはすべて州政府にも適用されると考えられるようになっている。

第二に、銃の保有・携行の権利は個人に保障されるかという問題である。この問題は長年、個人の権利と解釈する「オリジナリスト」派と集団的な権利と解釈する「伝統」派との間で論争されてきた。ただし「オリジナリスト」派の解釈や研究を支持するのは、もともと政府による規制に反対する立場をとる人たちである。他方、「伝統」派の解釈や研究を支持するのは、政府による規制に賛成の立場をとる人たちである。結局のところ、立場が解釈を決めているのであって、憲法の解釈をめぐる論争は政治的対立の解消には役立たないようである。

「オリジナリスト」派はこの二、三〇年、学界において、修正第二条が保障する銃を保有・携行するベースを集団から個人に変更する、いわゆる「スタンダード・モデル」のキャンペーンを実施してきた。従来の集団的解釈より個人的解釈が受け入れられており、政府による銃規制は学界の主流の見解ではないというメッセージを広めようとした。

タシュネット[Tushnet, 2007: 4]によると、個人ベースの解釈には少なくとも三つのモデルがあるという。

第一のモデルは「純粋個人モデル」。修正第二条は、修正第一条(言論、信仰、結社・請願の自由)が保障する権利など、「人権規定」が保障するすべての権利と同じく、個人の権利であると考える。したがって、自衛、レクリエーション、スポーツなど、いかなる理由であれ、銃を保有・携行する権利は個人に保障されていると考える。とくに自衛については、いうまでもない。

この権利が制限されるのは、政府にやむを得ない利害があるときだけである。そうでない場合の、登録義務や販売規制など、政府による規制には反対する。

しかし修正第二条は「人民」の権利である。「人権規定」のなかで「人民」という言葉が三度使われているが、いずれの場合も、その権利は「集団」の意味合いが強いという。たとえば、修正第一条における「人民が平穏に集会する権利および苦痛の救済を求めて政府に請願する権利」は、明らかに「集団」を意味する。また「保有する」と「携行する」という言葉の使われ方が注目される。字義的には自宅でも外でも所有できるという意味であるが、並べて使う場合は、軍事活動における集団的な使用を意味する。ただしその権利を行使するうえで、集団的になる場合が多いという意味であり、規定そのものが「集団」を意味しているわけではないという。

第二のモデルは「市民–民兵」。修正第二条のなかの「民兵」は、制定当時、すべての白人の壮健な成人男性を意味していたという前提に基づき、銃の保有・携行を民兵一人ひとりに保障される権利だと考える。したがってその権利は、民兵の現代版である、州兵(National Guard)だけでなく、すべての市民に保障された権利だと考える。当時、州兵の組織化には、新政府がアメリカ建国の理想を裏切り、イギリス国王のような抑圧的支配者になったときのために、抵抗する意味合いがあった。したがって、政府に抵抗するために銃器を保有・携行している市民の所在を教え、「刀狩」させることを可能にする、登録義務などの規制には反対する。

第三のモデルは「市民義務」。やはり「民兵」の役割に起因するが、政府が治安維持の機能を果たせないときのために、市民が生命、自由、財産の安全を脅かす犯罪者から、自分、家族、同胞を守る義務があると考える。したがって、施錠した保管など、緊急時の使用を妨げる規制に反対する。さらに自警団の武装の根拠にもなっている。

これらの考え方の背景には、ニコロ・マキャベリやジョン・ロックの政治思想があるという。前者は外国の侵略から人民を守ることと国内の反乱を抑えるために常備軍の必要性を説き、他方、後者は常備軍が人民の自由や権利を侵害する恐れから、人民による武装と自主的な防衛を主張したのである。その影響を受けて、『独立宣言』には、「権力の乱用と権利の侵害が、常に同じ目標に向けて長期にわたって続き、人民を絶対的な専制の下に置こうとする意図が明らかであるときには、そのような政府を捨て去り、自らの将来の安全のために新たな保障の組織を作ることが、人民の権利であり義務である」と記されている。これはイギリス王室だけではなく新政府にもあてはまることである。そして統治者による抑圧の解決策は武装した人民による抵抗である。ただし兵器の発達した現代において、市民が武装して国家の常備軍に立ち向かうなど、時代錯誤も甚だしいといわざるを得ない。

いずれにせよ民兵は州が組織化するのであれば、すべての白人の壮健な成人男性ではなく、選抜された集団だけを意味するかもしれない。

結果として合衆国憲法は連邦議会に常備軍の設立と維持の権限を与えているが、それは主に国防の目的に限定されている。また国内の治安維持と反乱の制圧のために民兵を組織し訓練する権限を与えている。しかし常備軍が人民の抑圧に使われることを懸念し、その支出については二年を超えるものをすべて禁止している。また民兵は州ごとに組織され、その幹部の任命権も州に与えられ、連邦政府からの抑圧的な命令を拒否できるようにしている。

しかしこれらの民兵に基づくタシュネットの解釈モデルは、いずれも、修正第二条における一行目と二行目の関係に帰着する。一行目が二行目の主旨を述べている、したがって銃の保有・携行の権利を制限すると解釈するならば、現代では、州兵として活動する場合にのみ保障される、集団的権利となる。これは銃規制派が個人ベースの解釈を否定する根拠となっている。ただしこの場合でも、「前文」の「民兵」は成立当時、すべての壮健な白人の成人男性つまり「人民」を意味する、したがって銃の権利は個人ベースで保障されているという人もいる。

他方、一行目が単なる「説明」であれば、目的に関係なく、保有・携行の権利が保障されていると解釈できる。これは銃の権利を唱えるガン・ライツ派が個人ベースの権利を主張する根拠とされている。

ちなみに、「州政府に適用されるか」、また「集団か個人か」という二つの解釈上の問題にかんする明確な判断は、後述するように、二〇〇〇年以降の最高裁判決に持ち越されるが、その判決により、修正第二条は、個人にも保障される権利として、州(や郡・市の)政府にも適用されることになったのである。

連邦議会による銃規制は常に、原則として銃を保有・携行する個人の権利を保障するところから始めなければならない。そのうえで、特定の銃器、精神疾患や犯罪など特定の個人、販売の規制、購入者の犯罪歴チェックなど、いわば後ろ向きの規制をすすめることになる。

銃器の製造・販売をふくめ、二州以上にまたがる経済活動について、合衆国憲法第一章第八条第三項(通商条項、一七九一年成立)は連邦議会に次の権限を与えている[アメリカ大使館]。

諸外国との通商、各州間の通商およびインディアン部族との通商を規制する権限。

したがって犯罪歴チェックを義務づけるような連邦法を制定する権限が連邦議会にある。しかし同時に同項は、そのような連邦法を拒否する権限を、州議会に与えると主張する人たちもいる。つまり州内に限定される経済活動であれば、銃器について、州は独自の法律を作ることができると考えているのである。

同じく修正第一〇条(州と国民に留保された権限、一七九一年成立)は連邦議会をはじめ合衆国政府の権限は合衆国憲法に表記されるものに限られると規定し、それ以外のことについては、次のように規定している[アメリカ大使館]。

　この憲法が合衆国に委任していない権限または州に対して禁止していない権限は、各々の州または国民に留保される。

もちろん銃器の種類、携行の方法、持ち込みの場所など、具体的な規定はないので、修正第二条の解釈する権利は州や国民にあると考え、銃規制の連邦法は無効であると考える人たちもいる。じっさい、二〇一四年の中間選挙でアリゾナ州がしたように、「連邦銃規制法無効」の宣言を立法化する州が近年増えている[WP: Nov 10, 14]。

合衆国憲法には第四章(連邦条項)の四ヵ条に加えて、これらの第一章第八条第三項(通商条項)

や修正第一〇条（州と国民に留保された権限）があり、州の権限の独立性を主張する根拠とされる。また世論調査に目を向けると、州の独立性を支持する割合も決して低くなく、ここ数十年間、長期的な増加の傾向を示している。とくに銃器の扱いについては、五一％が州政府に任せるべきだと答えている。これに対して、連邦政府に任せるべきだと答えた割合は四九％であるという調査結果もある[CI: Sept 23, 14; PRRI: Aug 15, 12]。銃器をはじめ、特定のイシューを理解するためには、州レベルの動きにも注目しなければならない。

合衆国憲法は、銃を保有・携行する権利を保障する。しかもその権利を「権利章典」にふくめる意味は大きい。銃規制に反対する人たち、つまりガン・ライツ派は、多数派であることに加えて、合衆国憲法に守られて戦うことができる。逆に、銃規制派は常に憲法違反の爆弾をかかえている。「やむを得ない」理由が政府の側にあることを証明しなければならない、不利な戦いを強いられる。ここに本書の大きな問題に対する二つ目の答えがある。

しかし修正第二条は原則を示すだけで、詳細については、これからの司法や立法や運動で詰めていくことになる。したがってガン・ライツ派も銃規制派も否応なく、政治活動にかかわらざるを得ない。まず両派はそれぞれどのような政治性をもつのだろうか。その政治イデオロギーや党派性をみなければならない。

第三章

政治イデオロギー、党派性、そして銃

アメリカの主要な政治イデオロギーと党派性を説明し、ガン・ライツ派と銃規制派はそれぞれ、どのような政治イデオロギーや党派性に組み込まれているかを示したい。

一 保守主義、リベラリズム、リバタリアニズム

イギリスの政治哲学者ジョン・ロックによると、政府は個人の生命、自由、財産を守るために作られた必要悪であるという。この必要悪としての政府の役割はどうあるべきか。この問いに対する経済的な答えと道徳的な答えを組み合わせたものが、アメリカ人の主要な二つの政治イデオロギー、つまり保守主義とリベラリズムを形作る。

まず保守主義は、市場経済は放任されることでおのずと「最適な」結果を生み出すと考える。したがって財政的には、サービスの提供や補助金、またそのための増税などによって、政府が市場に介入することに反対し、かつてロナルド・レーガン大統領が唱えたような「小さな政府」を理想とする。また道徳的には、避妊・中絶に反対し、ゲイ・ライツに反対し、マリファナに反対し、政府による介入を正しいとする。このように保守主義は市場経済の自由と社会秩序の安定を優先する。

逆にリベラリズムは、市場経済は放任されると、貧困や不平等や犯罪を生み出す温床となると考える。したがって財政的には、貧困層へのサービス提供や補助金、またそのための企業や富裕層に対する増税などによって、すべての人に最低限の生活を保障する必要を説き、かつてフランクリン・D・ルーズベルト大統領が唱えたような「大きな政府」を理想とする。現代では、貧困層のために、最低賃金の引き上げ、富裕層への増税による年金や医療保険の拡大、教育への補助、社会保障制度の強化などが、具体的なアジェンダとなる。また道徳的には、避妊・中絶を容認し、ゲイ・ライツを認め、マリファナやギャンブルにも寛大である。

こうしたイデオロギーのちがいを根本的な人間性のちがいに求める説明がいくつかある。たとえば言語学者ジョージ・レイコフ(George P. Lakoff)によると、保守的な人には、政府を厳格な父親とみなし、市民を意地悪、残酷、短気とみなす傾向があり、リベラルな人には、政府を慈しみ深い親とみなし、市民を気高い野蛮人とみなす傾向があるという。心理学者ジョナサン・ハイト(Jonathan Haidt)によると、保守的な人には、権威の尊重、規範への服従、身体の純潔などを強調する傾向があり、リベラルな人には、公正、保護の提供、危害の回避を強調する傾向があるという。

このように保守主義は、人間は不完全な存在であり、宗教、道徳、歴史の教訓によって導く必要があると考える。リベラリズムは、人間は理性や知性、公正な判断をもつと考える。両者の間には一種の人間観のちがいが横たわっている。

これら二つの主要なイデオロギーに加えて、リバタリアニズムがある。原則として、市場経済の自由と財政的な「小さな政府」を主張すると同時に、道徳的にも自由を主張する。外交的には軍事介入に反対する。確かに、リバタリアニズムは「政府が規制によって市民社会に干渉することに反対する人たち」として定義される。しかし自分自身が嫌うことや、道徳的に認められないことであっても、その規制には敢えて反対する。たとえば嫌煙のリバタリアンはレストランの禁煙に反対する。同性愛を嫌うリバタリアンは「ソドミー州法」(同性愛行為を違法とする法)に反対する。ヘイト・スピーチを悪いと考えるリバタリアンはその禁止法に反対する。その根底には自然権や功利主義的な原則があるといわれている。

結果として、下院議員ロン・ポール(Ron Paul, R-TX)、上院議員ランド・ポール(Rand Paul,

R-KY）の父子やティー・パーティなど、とくに市場経済の自由を強調し、中絶、ゲイ・ライツ、マリファナと距離をおく共和党寄りのリバタリアンと、ミレニアル世代など、道徳的な問題の自由を強調する民主党寄りのリバタリアンがいる。いずれにしてもアメリカ人の七%にすぎない。

これらのイデオロギーを図式化すると**図4**のようになる。財政的な自由-規制の軸と道徳的な自由-規制という、二つの軸で四つの象限を作り、各象限に一つのイデオロギーをあてはめたものである。両軸とも規制を意味する象限は、アメリカ的な意味で、全体主義または共産主義となる。そもそも「必要悪」である政府の役割を最大にする選択肢はアメリカ人にはほとんどない。

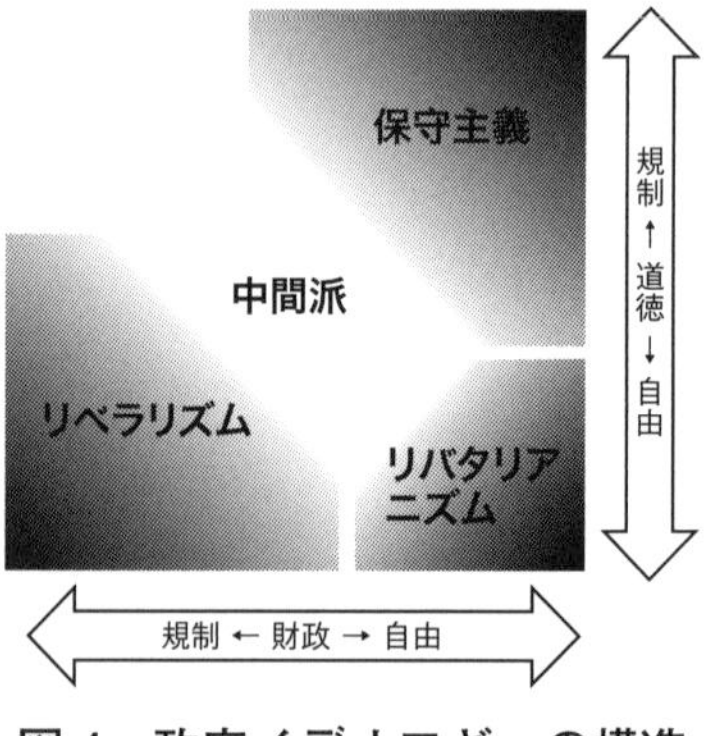

図4　政府イデオロギーの構造

統計によると、二〇一四年五月の時点で、社会問題について、アメリカ人の三四%が保守的、三五%が穏健派、三〇%がリベラルだという。また経済問題について、アメリカ人の四二%が保守的、三四%が穏健派、二一%がリベラルだという[GP: May 28, 14]。

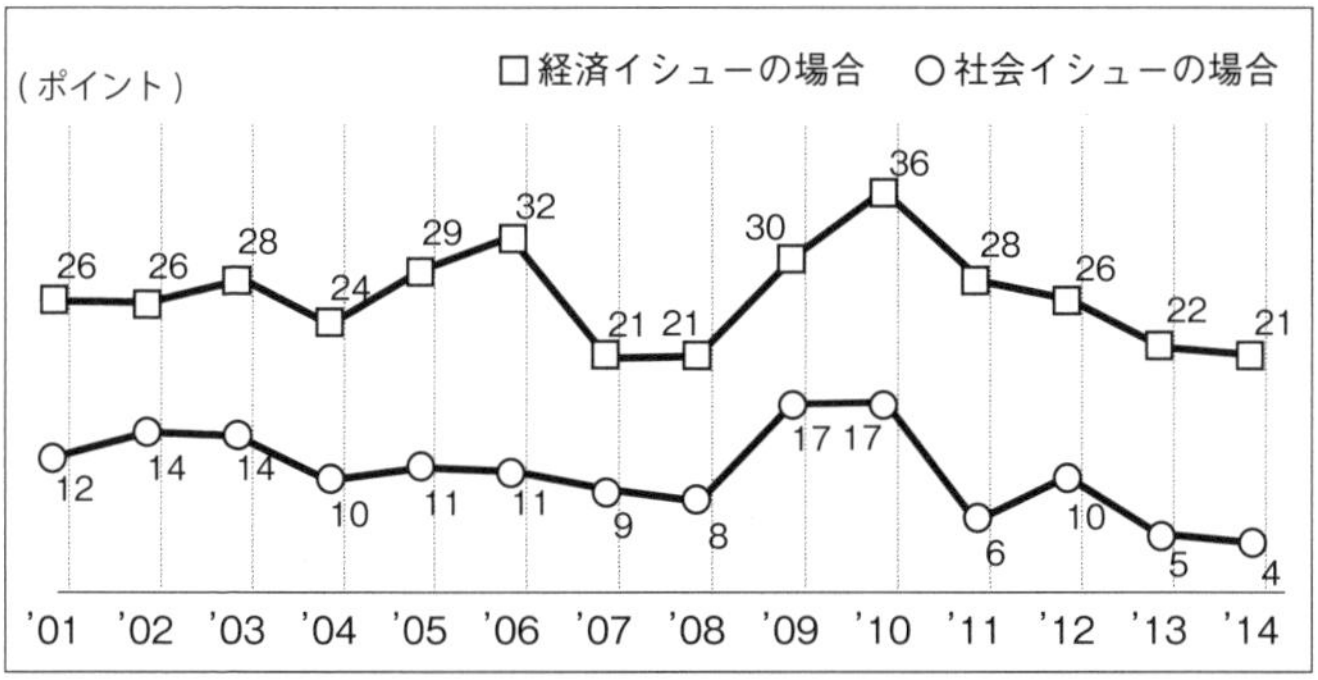

グラフ5　社会イシュー、経済イシューにかんするイデオロギー的帰属意識、「保守派の割合」から「リベラル派の割合」を引いた値、2001-2014　GALLUP

［GP: May 28, 14］

グラフ5にある通り、経済的には二一ポイント、社会的には四ポイント、保守派がリードしている。

ちなみに政府に不信感をいだく「政治嫌い」の割合は高い［WP: Aug 23, 14］。

近年、これらのイデオロギーは対立を深め、二極化を強めている。とくに社会的な領域では、一九九二年の共和党全国大会の演説で、パット・ブキャナン（Pat Buchanan, ニクソン政権やレーガン政権の大統領補佐官）が広めた「カルチャー・ウォー」という言葉で理解されることが多い。その意味は、社会学者ジェイムズ・D・ハンター（James Davison Hunter）が前年に出版した著書『カルチャー・ウォーズ』のなかで説明されている。

同著の副題「アメリカをコントロールする戦い」が示す通り、カルチャー・ウォーは、超越的な存在の前に人間は無力であると考える「伝統主義」と人間の合理性によって社会を改良できると考える「進歩主義」との対立である。言い換えると、敬虔な信仰をもち、さまざまな世俗化の傾向が人間を堕落させないように伝統的な家族道徳の維持を唱える人たちと、知識や道徳を少しずつ発達させてきた歴史の流れのなかで、避妊・中絶、性的多様性、人種平等を受け入れようとする人々との間の戦いである。彼らの対立は、避妊・中絶、同性愛など、具体的なイシューのなかで熾烈な戦いとしてあらわれる。最終的には、公共における宗教の適切な役割は何かという問題にいきつく。

もちろん大半のアメリカ人はイデオロギー的には穏健派である。投票率が低いこともあり、彼らの態度はなかなか政治プロセスに反映されない。また政治的な無関心や無知の問題もある。ある調査によると、連邦議会の上下両院の多数派政党を答えられる人の割合は四〇%である。しかし自分の選挙区から選出された連邦議員の政党を正しく答えられる有権者の割合は五三%と意外に高い。ちなみに高学歴の人や男性のほうが正答率が高いという[PRC: Jul 24, 14; Jun 26, 14]。

三　共和党、民主党、無党派

保守的な人は共和党を支持し、リベラルな人は民主党を支持するといわれる。確かにこの組

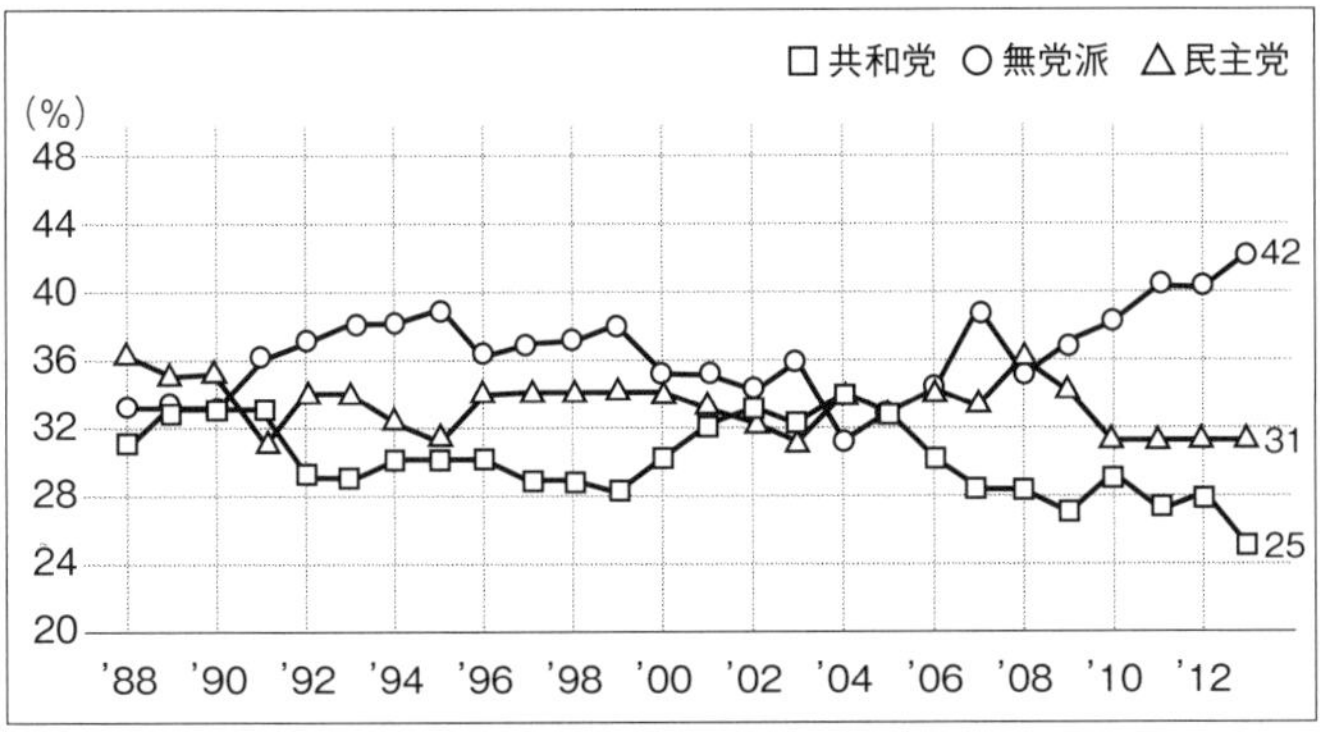

グラフ6　政党帰属意識（年平均）、1988-2013 GALLUP
［GP: Jan 8, 14］

み合わせに相当する人の割合は大きいが、イデオロギーと党派性が完全に一致するわけではない。じっさい二〇一四年の中間選挙をみると、一方では同性婚やマリファナなど、リベラルな価値観を支持する人が増えたが、他方では連邦でも州でも、躍進したのは共和党だった。

党派性からアメリカ国民をみると、二〇一三年当時、民主党支持者と共和党支持者はそれぞれ三割、無党派層や無関心層が四割である。リバタリアンは共和党支持者（四三％）と無党派層（五〇％）に分かれる。ただしリバタリアン党を支持する人の割合は、リバタリアンの一五％にすぎない。

選挙では、党派性は大体において帰属政党への投票につながる。支持政党を示す世論調査の数字がそのまま選挙の結果につながるのであれば、勝つのは常に民主党である。しかしじっさいには共和党は常に善戦しているし、二〇一四年の中間選挙では、第一一四議会で両院の多数派を占める戦果を達成した。このように選挙結果が世論調査の結果と異なる背景には、政策、選挙戦略、大統領の信任度など、いろいろな理由がある。ほかにも、民主党支持層のほうに、とくに中間選挙では投票に行かない人の割合が高いという事実もある[PRC: Jun 26, 14]。

また選挙ごとに、無党派層がどのような割合で、民主党または共和党に投票するかが焦点となる。それによってどちらが勝つか、つまり大統領職を獲得できるか、また議会の多数派を占めることができるかが決まるからである。近年、無党派層が増大している[GP: Jan 8, 14]。二〇一三年、無党派と答えたアメリカ人は四二%に増えている。また選挙のさい、第三政党は数のうえで無視してもよいくらい小さいが、たとえばリバタリアン党の候補者や無党派の候補者がとくに共和党候補の票を食う場合があり、接戦においては民主党候補を有利にすることもある。その意味では第三政党の存在も無視できない[WP: Jul 24, 14]。

支持層の特徴について、求める政策や生活の好みの視点から、両党のちがいを簡単に比べておきたい[PRC: Jun 26, 14]。

共和党支持者のコア層は白人、男性、五〇歳以上の特徴をもつ。近年の重要な政策に対する姿勢は以下の通りである。

社会保障政策については、フードスタンプ、メディケア、メディケイドなど弱者への補助の拡大や、近年のオバマケア（医療保険制度改革）に反対する。

移民政策については、移民の増加は低賃金により雇用を奪う、医療・教育など財政を圧迫する、治安や伝統文化に悪影響を与えるなど、安易な受け入れに反対し、強制送還とメキシコ国境警備の強化による不法移民対策の実施を望む。しかしビジネスの面では、共和党は労働力としての移民を評価し、ＩＴスキルをもち、一定の基準を満たす不法移民に市民権への道を開くことに賛成している。

教育政策については、「コモン・コア・スタンダード」により公教育を画一化し州によるちがいをなくす政策に反対する。そもそも教育省の不要論を唱える人もいる。ただしＩＴ産業はコモン・コアおよびそれに基づく統一テストの実施を支持している。さらに地球温暖化の確固たる証拠がないと考え、環境政策の行き過ぎが経済の負担になっていると考えている。

他方、民主党支持者は、弱者への補助、不法移民の救済、公教育の改善など、それぞれの政策分野において、共和党支持者のそれとは対照的な考え方をする。

社会イシューに対しても、両党の支持者の見方は対照的である。

共和党支持者は自分や家族を守るために銃を必要と考え、避妊・中絶に反対し命を大切にし、同性愛に反対し家族と男女の伝統的なパターンを大切にし、マリファナをふくめて薬物から家族や社会を守ろうとする。民主党支持者は、銃を規制し、道徳的な自由を尊重し、女性の自立、同性愛者の平等、そしてマリファナの自由化に寛大な人たちである。

それぞれのイシューにおいて対立する団体は、他のイシューの団体と共闘体制を作る。結局のところ、社会問題にせよ財政問題にせよ、イシューをめぐる有権者の態度は、保守とリベラルの、二つのイデオロギー的選択から始まり、団体による組織の活動と政党の予備選を勝ち抜く候補者の公約を通して、最終的には共和党、民主党の二大政党の公約として集約され、二分されていく。選挙を通して、有権者も団体も否応なく二大政党の対立に包み込まれ、二者択一を迫られるのである。

近年、この二分化の傾向が強まっている。少し前まで、リベラルな共和党支持者や保守的な民主党支持者が、それぞれの陣営に少なからずいたといわれる。しかしこの二〇年間で、共和党支持者はより保守的になり、民主党支持者はよりリベラルになった。一九九四年から二〇一四年にかけて、リベラルな民主党員は三〇%から五六%に増えている。他方、二〇〇四年から二〇一四年にかけて、保守的な共和党員は三一%から五三%に増えている。つまり各陣営内のイデオロギー的一貫性が増し、結果として、両党はその支持者をふくめて、イデオロギー的に重複する人たちが少なくなっている。しかも統計によれば、銃イシューをふくめて、互いに相手を理解しない割合も増えているという[WP: Dec 3, 15c]。

イデオロギー的一貫性の強い人はそうでない人よりも、本選だけでなく予備選にも投票するという。このタイプの有権者は共和党支持者の九％、民主党支持者の一二％と少ない。しかし彼らが「常に投票に行く」のに対して、四割近い党派性の弱い、いわゆる穏健派の人たちや無党派の人たちは比較的投票に行かない。そのため予備選は党派性の強い人たちに強く影響される。この傾向はとくに共和党支持者に強いという。

その結果、政府の効率性、規制の適切性、貧困層への補助の適切性など、政府の評価について、賛否のちがいが先鋭化し、互いに相手を否定的にみる人の割合が増えている。

こうした二極化はイデオロギーや党派性のレベルだけではない。衣食住など日常レベルにまで及ぶ。

たとえば、理想的なコミュニティについて、保守的な人は小さな町や農村で広い家に住むことを好む。学校やショッピングセンターやレストランは数マイル離れたところにあり、美術館や劇場も近くになくともよいと考えている。他方、リベラルな人は都市や郊外で比較的小さな家に住み、学校やショッピングセンターやレストランが歩いて行けるところにあり、美術館や劇場も近くにあるのがよいと考えている。

多様性についての意見も異なる。人種的、民族的な多様性について、保守的な人は重視しないが、リベラルな人は重視する。宗教的な共通性についても、保守的な人は重視するが、リベラルな人は重視しないという。

さらに生活上の好みのちがいもはっきりしている。共和党はバーボンやブランディなど茶色の酒、民主党は透明な蒸留酒を好む。ショッピングの場合、雑貨店については、共和党はウォルマートやコストコを好み、民主党はトレイダーズ・ジョーやホール・フーズを好む。ちなみに有機農産物を中心に扱うホール・フーズで買い物をする人は「リベラル・エリート」だというが、ホール・フーズは近年人気を失いつつある。またデパートについては、共和党はディラーズ(Dillard's)やベルク(Belk)を好み、民主党はノードストロム(Nordstrom)やアメリカン・アパレル(American Apparel)を好む。ファースト・フードでは、共和党はクローガーズ(Kroger's)、民主党はダンキン・ドーナツを好む[WP: Nov 8, 14]。

ほかにも獣医学会によると、アメリカはペットについて、イヌ派とネコ派に分かれるが、共和党にはイヌ派、民主党にはネコ派の傾向がみられるという[WP: Jul 28, 14]。選挙運動のテレビ広告には、イヌが人気であり、ハンティングのシーンもよく使われる。

また文化的嗜好にもちがいがある。

二〇一五年のグラミー賞はその受賞者のほとんどが、リベラルや民主党支持者の多い州の出身である。とくにポップス、ロック、ラップなどのジャンルでは、そのような州の出身者が過半数を占めている。そのため選挙運動などで、共和党議員により登場音楽として使われると、公式に不快感を示すアーティストも少なくない。しかしカントリー・ミュージックにおいては、保守主義や共和党支持者の多い州の出身者が多い [WP: Feb 4, 15]。ファンの側をみると、少し古いが、二〇〇四年の統計によると、カントリー・ミュージックのファンの五八%は共和党寄り、一〇%は民主党寄り、そして三二%は無党派層である。ちなみにロック・ファンの三九%、クラシック・ファンの三九%は共和党寄りであるという [GP: Nov 2, 04]。

もともとハリウッドの映画産業は民主党を支持する傾向が強い。二〇一五年のアカデミー賞の候補作をみても、『セルマ』や『バードマン』や『イミテーション・ゲーム』の制作者は民主党の左派である。受賞者のスピーチでも、移民問題、男女賃金格差、ゲイ・ライツなど、いずれも民主党が得意とするアジェンダへの言及が目立った。ただし『アメリカン・スナイパー』の監督クリント・イーストウッド(Clint Eastwood)とプロデューサーのアンドリュー・レイザー (Andrew Lazar) は共和党支持者である[WP: Feb 24, 15]。

同年のアカデミー賞「ベスト・ピクチャー・フィルム」賞候補作にかんするフェイスブックのチャッターの割合をみると、二〇一二年の大統領選挙において、オバマが勝利したカウンティで人気の高いものは『バードマン』、『6歳のボクが大人になるまで』、『グランド・ブダペスト・ホテル』、『イミテーション・ゲーム』、『セルマ』、『博士と彼女のセオリー』、『セッション』である。他方、共和党候補ロムニーが抑えた州では『アメリカン・スナイパー』の人気が圧倒的に高かったという

[WSJ: Feb 20, 15]。

確かにハリウッドは進歩的なテーマを映像化して売る、巨大なマーケットをもち、莫大な収益をあげている。感動した観客はリベラルなテーマを実現すべきだと考えるだけでなく、収益の一部が民主党や候補者や関連の団体に献金される。このように娯楽映画が啓蒙と資金の力を併せもつ限り、ハリウッドとリベラリズムと民主党の間にはきわめて緊密な関係が成り立っているのである。しかし他方では、制作者も主人公も圧倒的に白人男性に偏り、作品や俳優のメッセージとは反対に、ビジネス自体には明確な人種差別があることを指摘しなければならない。

ちなみに、これらの生活や文化における好みにかんするデータが集まり始めたのは最近のことである。以前は、年齢別、男女別、人種別、収入別、結婚・未婚の別、宗教別、イデオロギー・党派別などの項目について、個人のデータが集められてきた。一〇年ごとに政府が実施する、全国的な規模の国勢調査の典型的な調査項目である。これはデモグラフィック(人口学的)なデータと呼ばれる。費用の問題もあり、その他の項目にかんする調査は難しかった。

しかし近年、検索システムやソーシャル・メディアの発達により、グーグルやフェイスブックは個人の嗜好について、ビッグ・データと呼ばれる、大量のデータをかかえるようになり、それを買い取り、個人の嗜好をいくつかのタイプに分け、それとイデオロギーや党派性との関連を分析したデータを作る会社さえ現れている。デモグラフィック・データに対して、このサイコグラフィック・データ(心理学的特性データ)は、個人的な嗜好を踏まえたメッセージを有権者に送ることができる。二〇一六年の大統領予備選で、この種のデータ分析会社に七万五千ドル払ったテッド・クルーズ候補など、すでに選挙運動に利用されている[WP: Oct 19, 15]。

いずれにしても、同じ好みをもつ者どうし、同じコミュニティに住み、同じ考えの人たちと交際し、同じ考えの報道メディアを選ぶ。同じスーパー、デパート、レストランを使い、同じブランドの服や酒を消費する。こうした二極化が生活の隅々にまで浸透しつつある人たちは、二割を超えつつあるという。そして対立意識を深めている。

ビル・ビショップ(Bill Bishop)は著書『ザ・ビッグ・ソート』(*The Big Sort*)のなかで、連邦議会の二極化の背景には、一九七〇年頃から、アメリカ人は同じ価値観、同じライフスタイルをもつ人々のもとに集まり、コミュニティを作り始め、結果として、選挙区の二極化、さらには連邦議会の二極化を強めたと述べている。ただしすみ分けには、それ以外にも、収入、教育、家族の有無など、党派性に結びつきそうなさまざまな要因があることを無視できない。とくに高収入の有権者が多い選挙区は、おそらく減税政策を得意とする共和党支持者が多いだろうし、逆に、貧困層の多い選挙区は生活補助などのプログラムを得意とする民主党支持者が多いはずである。

さて銃イシューについて、アメリカ人の意見は政治イデオロギー、党派性によってちがうのだろうか。

三 イデオロギーや党派性と銃への態度

銃の所有により、市民は自衛力をもつ、あるいは自警団を組織することで、警察など法執行機関の役割を果たすことができる。その分、「小さな政府」の実現に寄与することにもなる。したがって財政的保守主義、共和党に銃規制に反対するガン・ライツ派が多い。

全国レベルの統計から、まず銃の保有・携行に対する態度をみておこう。

銃の保有については、シカゴ大学のNORCによる調査があり、その結果について、『ワシントン・ポスト』紙が紹介している。その結果をみると、**グラフ7**が示す通り、共和党(党員および支持者)のうち、銃を所有する世帯は五割を超え、民主党(党員および支持者)のうち、銃を所有する世帯は二割強であり、その差は大きい。ちなみに、無党派層の世帯の保有率は三割くらいである。また一九八〇年以来、共和党支持の世帯の保有率は五割台を推移しているが、民主党支持の世帯および無党派層の世帯の保有率は五割強からそれぞれ二割と三割に低下した[WP: Mar 10, 15]。

確かに共和党支持者の保有率は高いといっても、六割にとどまり、銃をもたない人が四割いる。他方、民主党支持者にも銃をもつ人が二割いる。こうした数字を踏まえたうえで、銃の保有率は、共和党支持者のほうが民主党支持者より高いという、党派性によるちがいが明らかにある。

次に、銃規制にかんする党派性のちがいをみておこう。

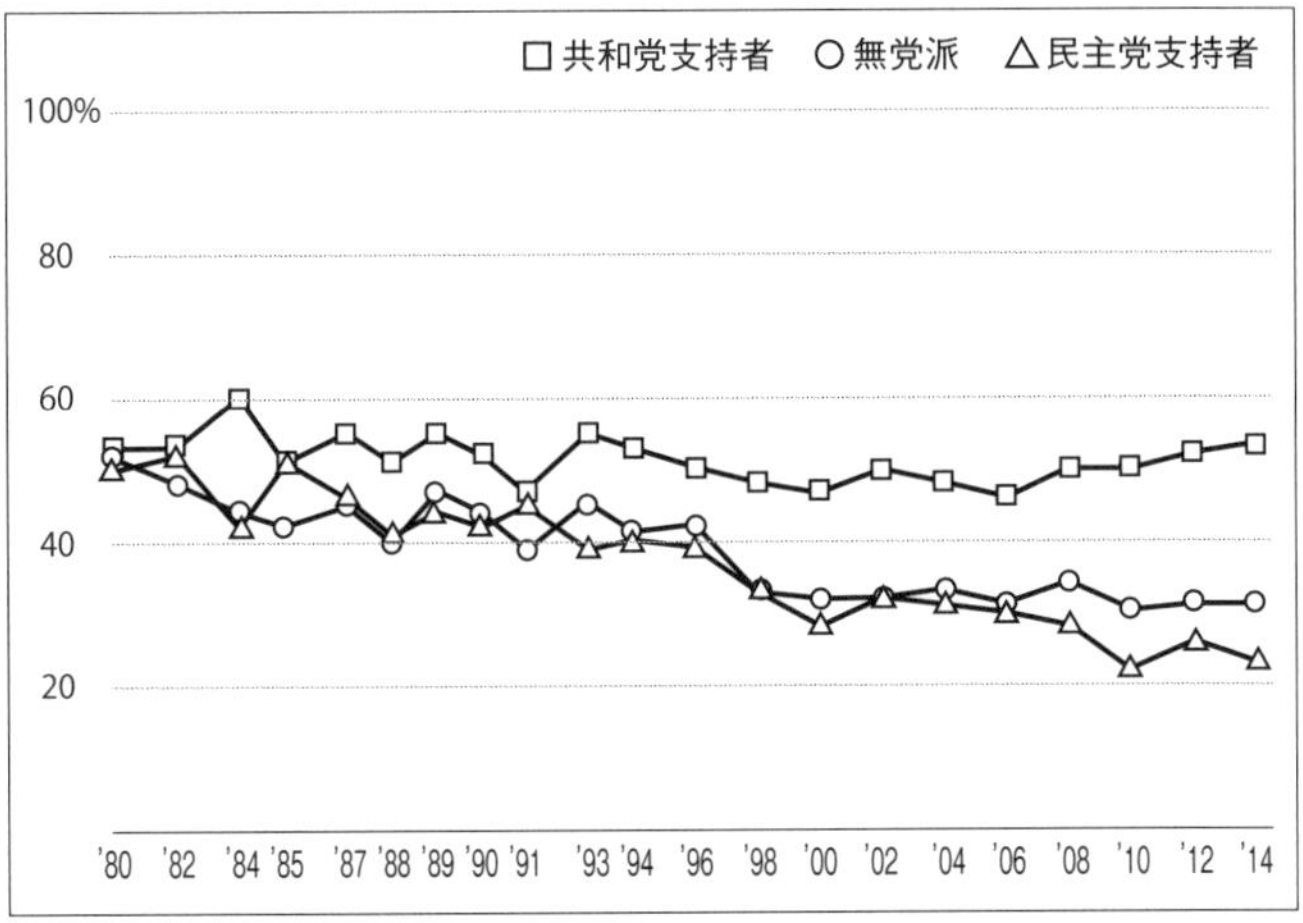

グラフ７　銃器を保有する世帯、支持政党別、1980-2014
［WP: Mar 10, 15］

表３が示す通り、「銃規制の強化を支持する人」の割合をみると、保守主義者や共和党支持者のなかでは二、三割である。他方、リベラルや民主党支持者のなかでは七割を超える。両党のちがいは歴然としている。ちなみに無党派層のなかでは四割を占める［GP: Oct 25, 13］。

ただし「拳銃の保有」の禁止については、イデオロギーや党派を問わず、「銃規制の強化」の支持率より格段に低いことは注目に値する。銃規制の強化に賛成しても、「拳銃」だけは規制の対象から外したいと考える人がかなりいることを示している。

ほかにも、発砲事件や乱射事件に対する解決策をみると、銃購入のさいの犯罪歴チェックシステムの強化や精神病対策については超党派の支持がみられる。しかしこれらを除くと、両者の主張はまったくかみあわない。原則として、リベラルや民主党支持者は銃器そのものの規制を強調する。これに対して、保守主義者や共和党支持者は自衛力の強化に加えて、違法な保有や販売の摘発を強調する。前者は銃が悪いといい、後者は銃の権利を侵害してはならないというのである[WP: Dec 3, 15b]。

このように銃の保有率をみても、銃規制に対する姿勢をみても、銃を保有し銃の権利を守ろうとするガン・ライツ派は保守主義者であり共和党支持者である傾向が強い。他方、銃犯罪を減らすために

表３　銃規制の強化を支持する割合による、各集団の順位づけ（イデオロギー別、支持政党別、人種別、年齢別）

	銃規制法の強化を支持する割合(%)	拳銃所有の禁止を支持する割合(%)
民主党員	77	37
リベラル派	72	35
非白人	66	40
女性	55	28
55歳以上	54	28
穏健派	50	26
成人	49	25
35-54歳	46	18
18-34歳	45	27
白人	42	19
男性	41	22
無党派	41	20
保守派	33	17
共和党員	23	16

［GP: Oct 25, 13］　GALLUP

銃器そのものを禁止すべきだと考える銃規制派はリベラルであり民主党支持者である傾向が強い。

銃イシューは、避妊・中絶や性的マイノリティなど、他の社会イシューと同じように、イデオロギー的、党派的な対立に組み込まれ、ガン・ライツ派も銃規制派もその政治的枠組みのなかで活動している。確かに他の社会イシューの団体と共同戦線をはることで、銃イシューへの注目を高めることができる。しかし同時に、近年の二極化の流れにのまれ、不幸なことに、両派は妥協点を見つけることができなくなっている。事件を政治利用するかのように、自分の主張を繰り返し、互いを非難するだけである。

ここに本書の大きな問題に対する三つ目の答えがある。銃イシューは政治化されている。優位に立つガン・ライツ派は、規制を「銃を携行・保有する権利」の侵害とみなし、その動きを抑えようとし、劣勢にある銃規制派は成果をあげていない。しかも二極化の流れのなかで、両派は対立を深める一方で、根本的な解決を見い出せずにいるのである。

それでは次に、「保守主義、共和党支持、ガン・ライツ派」と「リベラル、民主党支持、銃規制派」という政治的対立の枠組みは、五〇州（とDC）に分かれた、広大なアメリカ地図のうえで、地域的にどのように反映されているのだろうか。牧畜、ハンティング、メキシコへの密売など、ガン・カルチャーのちがいにも留意しながら、銃の地域性をみていこう。

第四章

地域区分、地域性、そして銃

一　四つの地域からなるアメリカ

アメリカは地形や気候、入植の歴史によって、**図5**の通り、八つの地域に分けることが多い。東から順に、北半分を六つに、南半分を二つに分けたとイメージしてよい。しかし地域別の銃の保有の**図6**(74頁)のように、さらに大雑把に分けることもできる。つまり、ノースイーストとミッド-アトランティックを合わせてノースイーストとし、ミッドウェストとプレインズを合わせてミッドウェストとし、ロッキー・マウンテンズとパシフィックを合わせてウェスト(アラスカ、ハワイをふくむ)とし、サウスとサウスウェストを合わせてサウスとし、全部で四つにとどめておくと覚えやすい。

各地域の人口を表4に示しておく。ちなみにアメリカの推定人口は二〇一四年末の時点で、三億二千万人ほどである。自然増に移民を加えると、毎年七百万人ずつ増えている。加えて東京都の人口に相当する不法移民がいる。また中央年齢は三七・六歳である。人種的には、概数で、白人が六三%、ヒスパニックが一六%、黒人が一二%、アジア系が五%である[US Census Bureau, Mar 2014]。

地図上の見かけの大きさに惑わされないために、各地域を人口で把握することは重要である。とくに連邦下院議会の定員四三五人は、州人口に基づいて各州に割り振られる。つまり人口の多寡によって州や地域の経済規模だけでなく、連邦レベルにおける政治力が決まるからである。

全体を四つに分けて、最初にカナダ側の上半分を東から西へという順序で説明していく。

ノースイーストはメイン州からニューヨーク州にまたがる七州からなるニューイングランド地方と、ニュージャージー州からノースカロライナ州にまたがる七州とワシントンDCからなるミッド-アトランティック地方を合わせた地域である。地図上のサイズでは最小にみえるが、人口は二〇一三年の推定によると、九千四百万人ほどでアメリカ総人口の四分の一を超える。ニューヨーク州(約二千万人、第三位)、ペンシルバニア州(一千二百万人)など人口の多い州やマサチューセッツ州(約七百万人)など平均的な人口の州の経済力は大きい。しかし最北の三州(メイン、ヴァアモント、ニューハンプシャー)は人口減少、老齢化、過疎、薬物問題などをかかえる州で

図５　合衆国の８地域

表４　地域別の人口（概数）

地域名	人口（万人）	%
ノースイースト	3,400	10
ミッド-アトランティック	6,000	19
ミッドウェスト	6,100	19
プレインズ	600	2
ロッキー・マウンテンズ	1,400	4
パシフィック	5,100	15
サウス	6,000	19
サウスウェスト	3,900	12

［US Census Bureau, Mar 2014］

ある。デラウェア州のように百万人を切る小州もある。

ノースイーストの西に位置するミッドウェストは、五大湖沿岸に接する六州にアイオワ、ミズーリを加えた八州と、南北のダコタ、ネブラスカ、カンザスの四州からなるプレインズ地方を合わせた地域である。前者の五大湖沿岸を中心とする地方は、人口の合計が六千万人を超えるが、鉄鋼産業や自動車産業が衰え、破産する自治体も出るなど、経済的には苦しい。他方、プレインズ地方の人口は併せても六百三十万人しかなく、五〇州で割った一州の平均的人口にしかならない。しかし近年、エネルギー・ブームに沸く地域となり、合衆国全体の老齢化とは逆に、南北ダコタ州、オクラホマ州では、若い男性の人口が増え、中央年齢値が若返っている。

プレインズの西に位置するウェストは、モンタナからネバダにわたる六州からなるロッキー・マウンテンズ地方と、太平洋岸の三州にアラスカとハワイを加えた、五州からなるパシフィック地方を合わせた地域からなる。地図上のサイズでは最大にみえるが、ロッキー・マウンテンズ地方の人口の合計は一千四百万人しかなく、ワイオミング州の人口(約五十八万人)はワシントンDCのそれ(約六十四万人)より少ない。しかしプレインズの南北ダコタと同じように、エネルギー・ブームの影響を受け、モンタナ州やワイオミング州では中央年齢値の若返りがみられる。またパシフィック地方の人口は、合計五千百万人であるが、その三分の二以上を占めるカリフォルニア州(三千八百万人、第一位)の人口は別格である。

最後に、アメリカ全体を上下に分けたうちの下半分を占めるサウスは、サウスカロライナ州からルイジアナ州にわたる、大西洋岸、山岳部、そしてディープ・サウスの三地方と、オクラホマからアリゾナにわたる四州からなるサウスウェスト地方を合わせた地域である。

人口の合計は六千万人を超える。人口増加の著しいフロリダ州(二〇一〇年、一千九百万人、第四位)は、二〇一四年の調査で、ニューヨーク州を抜き、三位にあがっている。サザン・バプティストなどキリスト教の宗派がその全域におおいかぶさるほど、保守的な地域である。

サウスのうち、オクラホマからアリゾナにわたる四州の人口は三千九百万人である。その三分の二を占めるテキサス州(二千六百万人、第二位)の人口もまた別格である。オクラホマ州を除く三州は、カリフォルニア州とともにメキシコと国境を接し、不法移民、銃や薬物の密売など、ボーダー・ステイト特有の問題をかかえている。

二 イデオロギーや党派性からみた地域性

前述の四地域を、政治的イデオロギー、党派性、銃への態度に基づいて、色分けしてみよう。「保守主義、共和党支持、ガン・ライツ派」の傾向の強い州をレッドステイトと呼び、「リベラル、民主党支持、銃規制派」の傾向の強い州をブルーステイトと呼ぶ。そして両者が拮抗し、選挙のたびに勝者が変わる(保守とリベラルが拮抗する)スウィング・ステイトをパープルステイトと呼ぶ。都市‐農村の色分けについては、後述する。

一つ目のノースイーストは似通った州の多い地域である。これらの州では、リベラルな有権者が多く、したがって大統領選挙や中間選挙などでは、民主党候補に有利である。人口の密集した都市部が多く、彼らは避妊・中絶、ゲイ・ライツ、マリファナなど、ホットな社会イシューについて寛大な、いわゆる「メトロな」メンタリティをもつ。他方で彼らは企業の経済活動については規制強化を支持する人たちでもある。したがって民主党が州議会をコントロールし知事職を占める州、つまり「ディープ」なブルーステイトが多い。たとえばマサチューセッツ州やニューヨーク州がその典型である。メリーランド州ではマーティン・オマリー（Martin O'Malley, 民主党）が知事に就いた二〇〇七年からの八年間で、死刑の廃止、同性婚の合法化、そして最低賃金の引き上げなど、きわめてリベラルな政策が実施されている。ただしペンシルバニア州やバージニア州など、地図上を南下するほど、保守の色あいが強くなり、パープル化する。

二つ目のミッドウェストは、近年、こうしたリベラルな傾向が浸透する大都市をかかえ、レッドからブルーまたはパープルに移行しつつある州と保守的な州が入りまざる。

たとえばミネソタ州はブルーステイトである。イリノイ州はディープブルーである。他方、ミシガン州やウィスコンシン州はレッドである。そしてオハイオ州のようなパープルステイトは、保守派とリベラル派が激突するバトル・フィールドとなっている。スウィング・ステイトと呼ばれる所以である。

三つ目のウェストは、レッドステイトの多いロッキー・マウンテンズ地方と、ブルーステイトの多いパシフィック地方に分かれる。ロッキー・マウンテンズ地方の州では、どちらかというと、保守的な有権者が多く、したがって連邦選挙では共和党候補が強い。各州の内部をみると、ホットな社会イシューについて保守的な態度をとる有権者が多い。したがって共和党が州議会の多数派や知事職を占める州、つまりレッドステイトが多い地域である。

ただし都市部をもつコロラド州とネバダ州では、近年、民主党候補が大統領選挙を抑えている。コロラド州は全国に先駆けて、娯楽目的のマリファナを合法化するなど、都市部を中心にブルー化している。しかし保守主義の強い農村部では、州からの離脱を望むほどレッドなところもある。同じくネバダ州でもラスベガスおよび周辺にはブルーな有権者が多いが、農村部にはレッドな有権者が多い。これら二州はパープルステイトといってもよい。

他方、ウェストのパシフィック地方は、リベラルな、民主党支持の有権者が圧倒的に多いブルーステイトからなる。たとえば全米一位の人口をかかえるカリフォルニア州は、典型的なブルーステイトである。他方、ワシントン州(七百万人弱)やオレゴン州(四百万人弱)には、財政的なリベラリズムに加えて道徳的なリバタリアニズムを併せ持つ有権者が多い。医師による自殺ほう助を認め、積極的な安楽死を支持する、あるいは医療目的や娯楽目的のマリファナを支持する。ちなみに、住民投票で、ワシントン州(二〇一二年)とオレゴン州(二〇一四年)とアラスカ州(二〇一四年)は娯楽目的のマリファナ使用を認めている。とくにワシントン州にはマイクロソフトやスターバックスが本社を構え、ブルー色を強めている。

四つ目のサウスには、どちらかというと、保守主義が強く、選挙では共和党候補が圧倒的に強いレッドステイトが多い。結果として連邦上院議員、知事職、州議会の多数派のすべてを共和党が占めるほどディープレッドの州も多い。ただしフロリダ州とニューメキシコ州は例外で、近年の大統領選挙では民主党候補が勝つなど、パープル化しつつある。

イデオロギー、党派性、地域における、このような重なり方は、比較的最近みられるようになった。百年前には、まったくちがっていただろうし、このさき、人種構成の推移とともに、色分けは変わるかもしれない。とくにヒスパニックやアジア系の人口急増により、マイノリティを併せた人口が白人人口を上回る、マジョリティ-マイノリティの選挙区が増えていくにつれ、根本的な変化があらわれるにちがいない。

以上の地域に基づく政治的色分けのほかに、「都市-農村」の色分けを加えておきたい。この対立は、各州の内部にもみられ、拡大しつつあり、合衆国の政治的二極化の要因の一つとなっている。

あるシンク・タンクの報告書によると、二〇〇〇年以降の九年間の人口増加の八割以上は、人種的、民族的マイノリティであり、都市部に住む。そして彼らは圧倒的に民主党支持者であるという[BI: May 9, 10]。

一つの大都市だけでその州のGDPの大半を生み出す州は一五ある。たとえば、マサチューセッツ州(ボストン)、ニューヨーク州(ニューヨーク)、ジョージア州(アトランタ)、イリノイ州(シカゴ)、ミネソタ州(ミネアポリス-セント・ポール)、コロラド州(デンバー)、ワシントン州(シアトル)などである。そして二つの大都市だけでその州のGDPの大半を生み出す州が一六ある。たとえば、カリフォルニア州(ロサンジェルス、サンフランシスコ)、ミシガン州(デトロイト、グランド・ラピッズ)、オクラホマ州(オクラホマシティ、タルーサ)、そしてテキサス州(ダラス、ヒューストン)などである。その他の州のほとんどで、都市部がその州のGDPの大半を生み出しており、そうでない州はモンタナ、ヴァモント、ワイオミングの三州だけである。

また都市部にその州の人口の過半数が集中する州は四八ある。一般に、都市部は先進的な製造業やサービス業が集中し、科学者や専門的な技術者など、高学歴の人の割合が高く、彼らにはリベラル、民主党支持の傾向が強いという[BI: Feb 24, 11]。

型通りの説明になるが、人々の日常生活や気質について、二つのアメリカを思い描くことができる。スマートフォン、外車、ファッション誌、高級レストラン、芸術鑑賞などを楽しむ、知らない者どうしの都会人。教会に行き、銃を保有し、軍を支持し、コミュニティの紐帯を大切にする田舎の人。この分裂はほとんどそのまま、「大きな政府」を支持するリベラル派と「小さな政府」を支持する保守派の分裂、そして民主党を支持するブルーエリアと共和党を支持するレッドエリアの分裂に重なる。つまり民主党が都市部を支配するにつれて、共和党は農村部を地盤として、選挙を戦うことになる。

二〇一三年の時点で、農村部から選出される下院議員のうち、七七%は共和党である。都市部（郊外をふくむ）から選出される共和党下院議員は半分を下回る。ただし下院議会全体でみると、共和党は三〇議席の差で多数派を占めている。大統領選挙をみると、二〇一二年、民主党現職候補だったオバマは都市部では、三八ポイント差で勝っているが、農村部では逆に、五三ポイント差で共和党ロムニー候補に負けている［WSJ: Mar 20, 14］。

さらに「都市‐農村」の色分けは、文化的な二極化とも重なる。州都をはじめ各州の都市部では、避妊・中絶、ゲイ・ライツ、マリファナなど、ホットな社会イシューについて寛容なメトロ・メンタリティを条例化する傾向が強い。他方、農村部のカウンティでは、独自の条例を制定することもある［WP: Nov 12, 13a; b］。

数にまさる都市部の有権者が、州議会の立法や住民投票によりリベラルな州法を強引に成立させると、農村部の有権者はその「横暴」に強い不満を示し、そうした立法の提案者をリコールしたり、極端な場合、州から分離し、新州の設立を求めたりする動きをみせる。

ただし郊外地域の有権者が都市と農村のどちらにつくかによって、選挙の結果が決まる州もある。たとえば二〇一四年一一月の中間選挙で、テネシー州は人工中絶に反対する趣旨の州憲法修正を住民投票にかけ五二%で可決した。なぜなら農村と郊外の三分の二の賛成票が、ナッシュビルやメンフィスなど都市部の巨大な反対票を抑えたからである[WP: Nov 6, 14]。そして二〇一五年、両院とも共和党が多数派を占めるテネシー州議会は人工中絶を規制する州法を立法することになる。

政治的二極化は、近年、州レベルで大きくなっている。連邦上院議員、知事、州議会の多数派が一つの政党によって独占される州が増え、二〇一三年末の時点で、三分の二近くに達している。たとえばカリフォルニア州など一四州で、そのすべてが民主党に独占され、テキサス州やサウスの州など二四州で、共和党に独占されている。これらのブルーステイトやレッドステイトは、財政的な目標や社会的目標を極限まで推し進める傾向がある。そのため、ウィスコンシン州やオハイオ州など、野党やその支持者にリコール運動を起こされる知事の例もある。ちなみに、残りの一二州で、州の権力は両党の間で二分されている。またネブラスカ州では、州議会は一院制、知事は共和党である[WP: Dec 29, 13a; b]。

特定の地域は特定のイデオロギーや党派性と離れがたく結びついている。それにつれて、銃器に対する考え方もまた特定の地域と離れがたく結びついている。ただし狩猟の人気や入植者が持ち込んだ文化的伝統にも左右されるところもある。

三　銃への態度からみた地域性

まず、四地域の銃器の保有率を世帯レベルでみておこう。二〇一四年初頭の調査によると、**図6**の通り、ノースイースト二七%、ミッドウェスト三五%、ウェスト三四%、サウス三八%である。ノースイーストの低さとサウスの高さが目立つが、地域差はむしろ小さいといえる[PRC: Jul 15, 14]。

次に、四地域の犠牲者数を、自殺、他殺に分けてみておこう。銃による自殺について、**図7**の数字は人口百万人当たりの自殺率を示している。ロッキー・マウンテンズ地方のワイオミング州の高率が際立つ。しかしそれを除くと、銃による自殺は合衆国全体に広がっている。確かにサウスにはいくつか低率の州もみられるが、四地域の差は比較的小さいようにみえる。

しかし人種別にみた場合、大きな違いがあらわれる。つまり、白人と黒人の間には自殺率と他殺率に対照的ちがいがある。人口百万人当たり、銃による白人の自殺率は七五、黒人のそれは

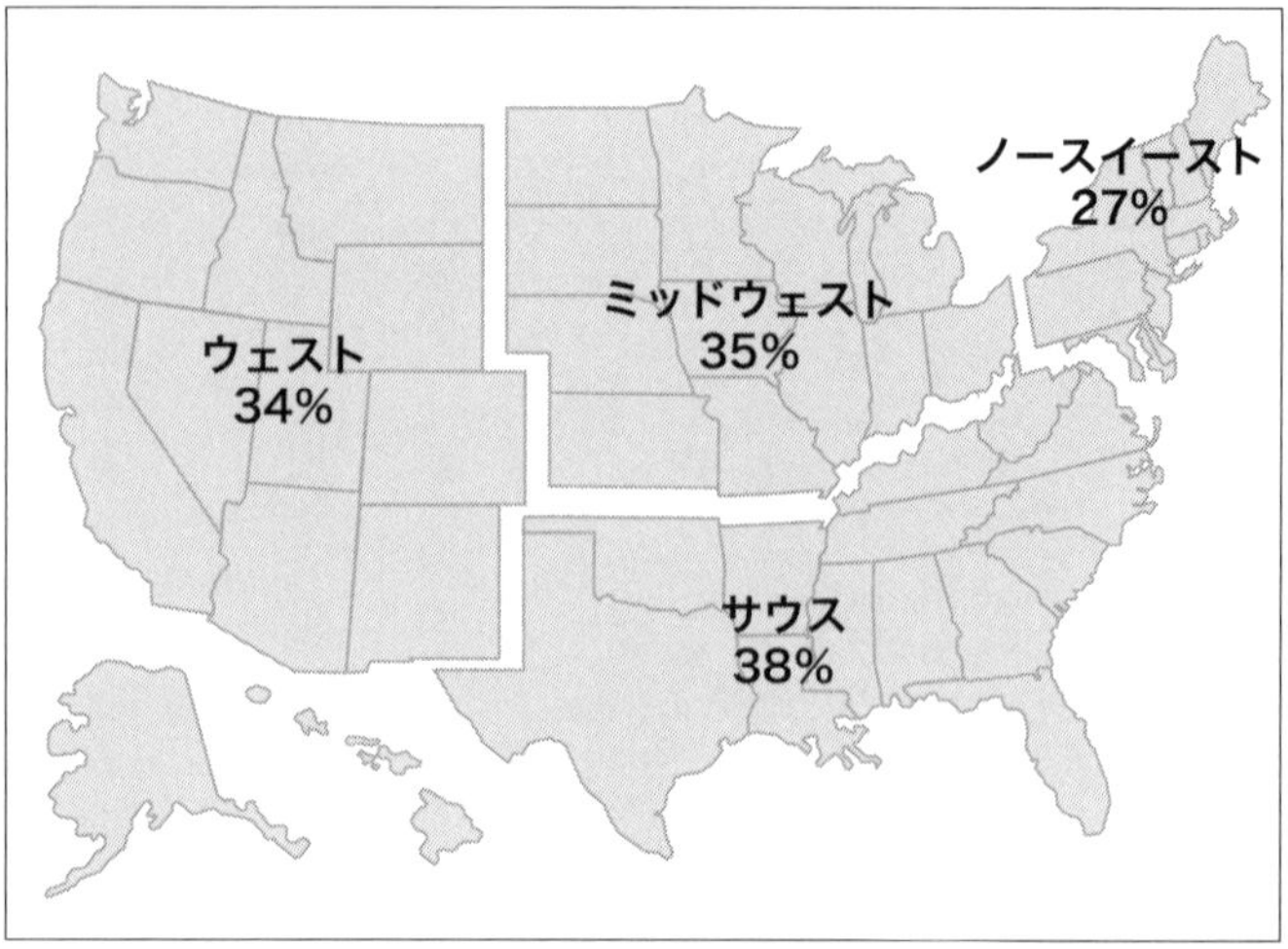

図6　銃の保有率、地域別、2014年

［PRC: Jul 15, 14］

二七である。逆に他殺率については、白人のそれは一五であるのに対して、黒人のそれは一五一であり、白人の一〇倍を超えている[WP: Mar 22, 13]。

銃による暴力の問題は、白人と黒人の間でまったく異質の原因が働き、異なる対応が必要であることを、この統計は示唆している。

次に銃による他殺について、四地域のちがいをみておこう。

図8は人口一〇万人当たりの銃による他殺率を色の濃さで示したものである。ノースイーストではメリーランド州、バージニア州、ワシントンDCの高さが目立つ。ちなみにDCの別名は「殺人首都」である。しかしこの地域の他殺率は概して低く、とく

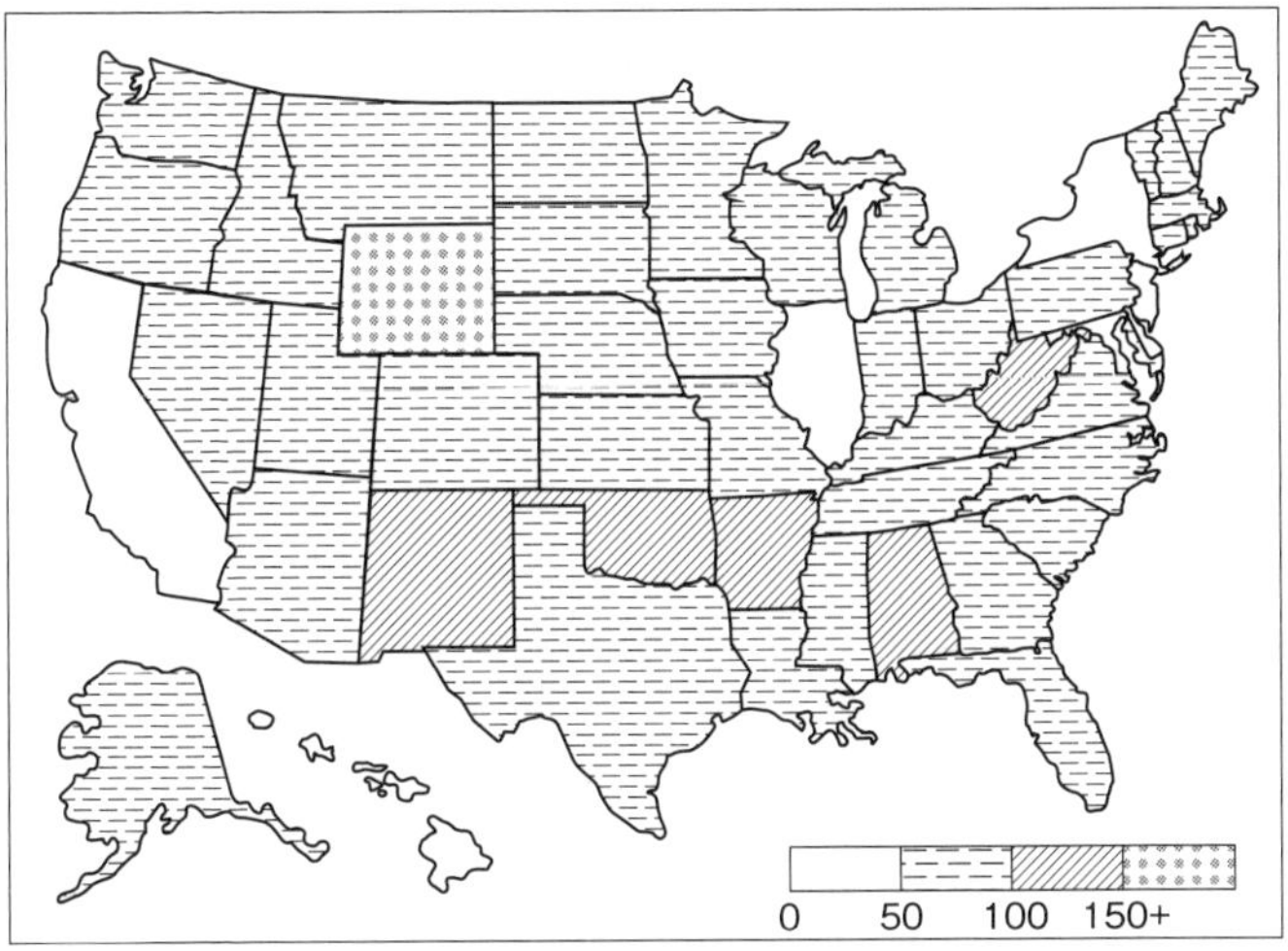

図７　銃による自殺率（百万人当たりの自殺件数）、2010 年

［WP: Mar 22, 13］

にニューイングランド地方の低さが目立つ。これに対して、サウスの他殺率は全体的に高い。とくにミズーリ州とルイジアナ州の色が濃い。ウェストの他殺率は概して前二者の地域の中間に位置するが、カリフォルニア州やネバダ州のそれはむしろ高いほうである［WP: Dec 21, 12］。

このように地域でみると、銃器の保有率と銃による他殺率は地域的に相関する。ノースイーストでは保有率も他殺率も低い。他方、それ以外の地域では保有率も他殺率も高い。

ほかにも、犯罪で使用される銃器の多寡なども、他殺率との間に、地域的な相関がみられる［WP: Dec 29, 15］。

さて、地域によって異なるこれらの特

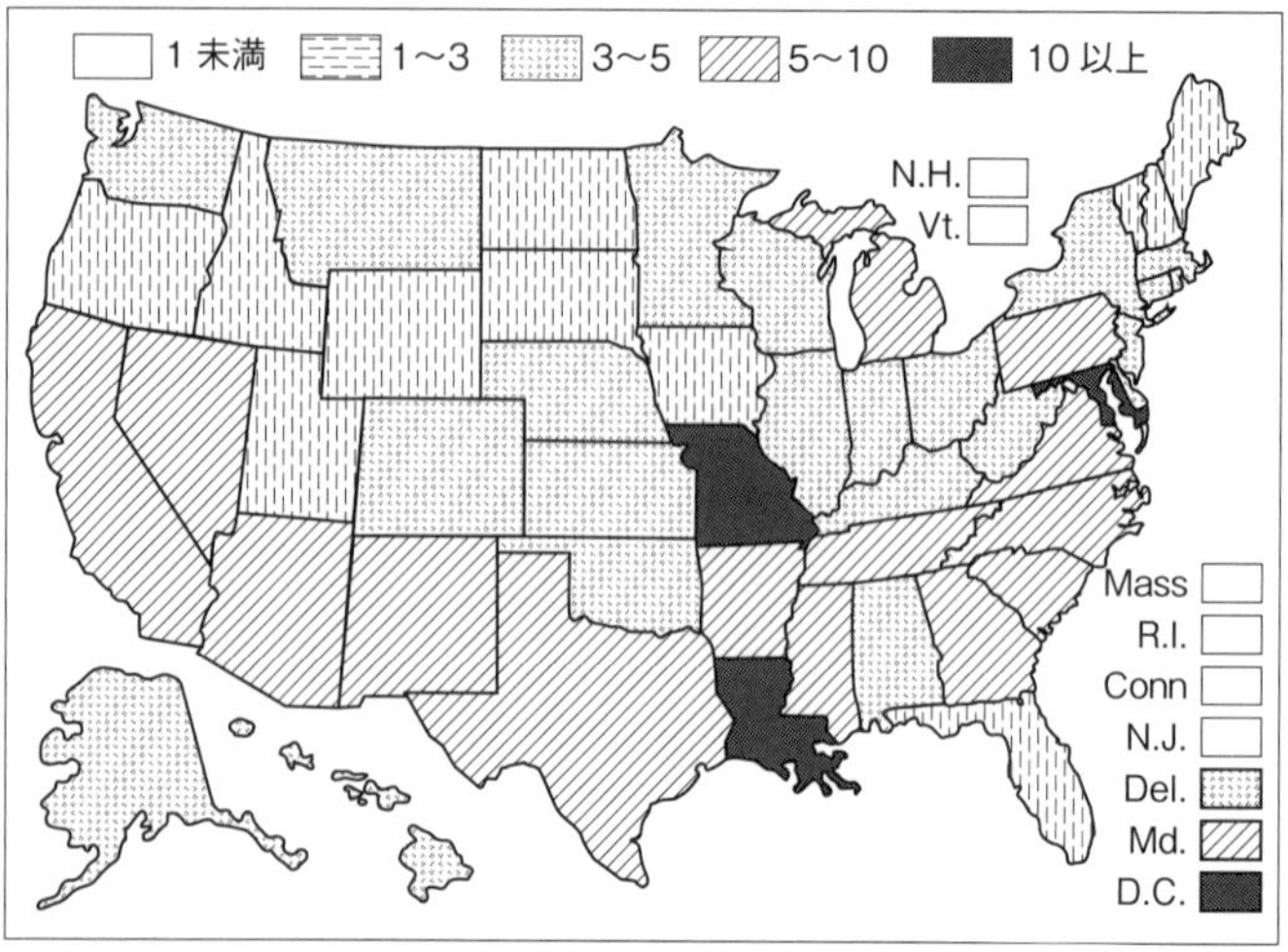

図8　銃による他殺率（10万人当たりの他殺件数）、2012 年

［WP: Dec 21, 12］

徴は、伝統的なガン・カルチャーや州法のちがいとも一致する。まず入植者が背負ってきた母国の文化が各地域の銃に対する姿勢の背景にあることについて触れておきたい。

ニスベット(Richard E. Nisbett)とコーエン(Dov Cohen)によると、ノースイーストは、もともと清教徒やクエーカー教徒など、イングランド、オランダ、ドイツの農民が移住してきた地域である。牧畜民に比べ、農民は好戦的ではない。また他の地域に比べ、植民地時代、独立後を通して、人口が集中し治安が整っていたこともあり、銃器で自衛する必要も少なかったのかもしれない。

他方ミッドウェスト、ウェスト（パシ

フィックを除く）、サウスの地域は、もともとアイルランド、スコットランドなど、イギリスのなかでも周辺部出身の牧畜民が入植した地域である。

いうまでもなく、彼らは牧畜と部族間抗争にあけくれたケルト人の子孫であり、スコッチ・アイリッシュと呼ばれる人たちである。彼らは本国から持ち込んだ価値観を維持し、このワイルド・ウェストで、自分の高潔さや強さや面子を重んじ、財産を守るためには暴力をも辞さないとする、「名誉の文化」として継承した。さらに一九世紀に入り、機織り機が発明されると、南部ではプランテーションの奴隷労働を維持するために、暴力や銃を手段としたため、当局は銃規制を実施する機会を失ったといってもよい。

言い換えると、サバイバルの原則に基づく銃器の保有・携行の権利は、当局が治安を提供する前に、確立していたのである。そのため今日でも、銃器が手元にあることでむしろ安心できる人たちが少なくない。とくにサウスやその他の地域の狩猟の盛んな地域では、一二、三歳になると息子や娘をハンティングに連れ出し父親が射撃の伝授を、いわば「通過儀礼」として残すところもある。また学校への送り迎えに銃を携帯する母親も珍しくない。

またノースイーストと比べて、植民地時代も、また独立後もしばらくは、治安を欠いた状況が続いた。そのこともあり、植民者たちは自衛のために武装をやめることができなかった。また独立後も自分たちのことは自分で決めるという理念を堅持してきたため、銃の保有・携行についても、自分たちで決めるという原則が、ある程度治安の落ち着いた現代でも根強く残っているという[Nisbett & Cohen(石井・結城訳): 1996]。

こうした四地域のガン・カルチャーはそのままそれぞれの地域の銃規制の強弱に反映されている。

銃器を比較的必要としない伝統をもつノースイーストでは、二〇一二年一二月のサンディ・フック小学校事件以降、もっとも厳しい銃規制法が成立している。

たとえば同事件が起きたコネティカット州では、ダネル・P・マロイ知事(Dannel P. Malloy, 民主党)のリードで、州議会は会期中に、精神疾患の病歴をもつ犯人が使用したセミオートマチックの銃器や大容量のマガジンの販売の禁止、精神病対策の強化や学校セキュリティの強化のための予算を可決している[WP: Aug 1, 14]。またニューヨーク州やメリーランド州でも、民主党知事の指導のもとで、州議会がもっとも厳しい規制法を可決している。

同時に、規制強化の結果として、かつて銃器製造の中心地だったこの地域からガン・フレンドリーな州へと、銃製造の企業が脱出し始めている。ただしスポーツ、とくに狩猟のための保有・携行については、権利が守られている。とくにメイン州は狩猟の盛んな土地柄を反映して、狩猟法は緩い[NYT: Oct 21, 14]。

ミッドウェストでは、都市化し高い犯罪率に悩まされるイリノイ州を除くと、ガン・カルチャーの伝統もあり、銃の保有・携行の権利を維持する傾向が強い。プレインズ地方でも、自衛と狩猟のために銃の権利を維持する州が多い。

サウスでは、ガン・カルチャーを反映する特徴が多い。たとえば、フロリダ州は最初に「スタンド・ユア・グラウンド・ロー」を成立させている。これは危険が迫った場合、踏みとどまって銃器で反撃してもよいという、正当防衛を拡大解釈した州法であり、まさに「暴力の文化」が背景にある。またアリゾナ州では、二〇一二年、乱射による大量殺人事件があったが、翌年に、銃規制を緩和する州法が成立している。

ウェストでも、ガン・カルチャーのちがいを反映して、ロッキー・マウンテンズ地方とパシフィック地方で銃規制の度合いが異なる。

ロッキー・マウンテンズ地方では銃規制が弱い。たとえばモンタナ州では、狩猟は生活や娯楽の糧である。ガンスミス(gunsmith, 鉄砲鍛冶)の伝統があり、今日でも、名器を作る職人がいる。このような銃器に対する伝統的な文化もあったため、最近では高性能のセミオートマチックのライフルなど、軍事用の銃器を製造する企業が進出し、建設や木材の地場産業が経済不況のあおりを受けて空けた穴を埋め、雇用を提供している。現地のコミュニティ・カレッジでは、銃鍛冶のコースも作られ、製造から販売まで学ぶことができる。結果として、過疎の人口増加に貢献している[NYT: Feb 20, 13]。ちなみに二〇一四年、「服部君事件」と同じような事件で、ドイツからの留学生が射殺されている[NYT: May 7, 14]。

他方パシフィック地方では、概して銃規制が強い。とくにカリフォルニア州は、一方で銃産業をかかえながら、他方で銃の種類の制限やマイクロ・スタンピングの導入など銃規制を強化している。またワシントン州は二〇一四年の中間選挙で、銃器のすべての購入に犯罪歴チェックを義務づける法案を住民投票で成立させている。同州に本社を置くマイクロソフトのビル・アンド・メリンダ・ゲイツ財団やマイケル・ブルームバーグの団体の支援もあり、同法案が六〇%の賛成で可決され、NRA（全米ライフル協会）が支援した別の反対法案は否決されている。仮に、両方とも成立した場合、どうなったのだろうか。

最後にこれらの地域的とは別に、カリフォルニア、テキサス、アリゾナ、ニューメキシコの四州、つまりメキシコと国境を接するボーダー・ステイトの状況に触れておきたい。カリフォルニア州を除くと、ボーダー・ステイトの銃規制はきわめて緩い。

メキシコ系麻薬カルテルによる麻薬と銃の取引の中心として、とくに国境沿いにはたくさんのガン・ショップが立ち並ぶ。しかも一人で複数の銃を買うことが許されているので、メキシコ系の麻薬カルテルや犯罪歴のある人たちは、銃を買える人に購入のアルバイトをもちかける。この身代り購入により流出する銃は、メキシコ内でカルテル同士の縄張り争いの手段となる。その残虐さは映画『悪の法則』が赤裸々に描いている。

このように銃に対する姿勢は、地域によってちがう。しかしそのちがいのパターンはイデオロギーや党派性についての地域によるちがいのパターンとほとんど一致している。つまり、イデオロギー、党派性、銃に対する姿勢には特定の組み合わせがあり、その組み合わせは特定の地域と結びついている。

アメリカという広大な国の地域性をイデオロギー、党派性、銃に対する姿勢の観点から、簡単に色分けできる。「ミッドウェストとサウスとロッキー・マウンテンズ地方」には「保守、共和党、銃の権利」を支持する州が多い。また「ノースイーストとパシフィック地方」には、「リベラル、民主党、銃規制」を支持する州が多い。地域にかかわらず、州内の農村部と都市部にも同じちがいがみられる。

こうした地域性の色分けを説明するなかで指摘した、銃を必要とするガン・カルチャーを本書の大きな問題の四つ目の答えとしたい。暴力文化、ハンティング、ボーダー・ステイトの需要など、銃を求める強力な文化がある。それでは次に、銃の需要にこたえるガン・インダストリーをみていく。

第五章 ガン・インダストリー

一 製造、販売、関連産業

ガン・インダストリー（銃器産業）は大小併せて、全国で九万人の雇用をかかえ、毎年、五百万丁を生産し、製造業だけで四十億ドル産業に成長している。その分、税収への貢献も年々増え、二〇〇九年には銃弾と併せて、一億二千万ドルを超えている[WP: Nov 3, 09]。

アメリカの銃製造はもともと、一九世紀中頃からノースイーストに誕生した伝統産業である。その一五〇年の歴史のなかで、つい最近までノースイーストが中心地だった。

たとえばスミス&ウェッソン社(Smith & Wesson)は一八五二年に、またサベジ社(Savage Arms Company)は一八九四年に、それぞれマサチューセッツ州で生まれた。コルト社(Colt)は一八三六年に、マーリン社(Marlin Firearms Company)は一八七〇年に、そしてO・F・モスバーグ社(O. F. Mossberg & Sons)は一九一九年にコネティカット州で生まれた。加えてレミントン社(Remington)は一八一六年にニューヨーク州で生まれ、伝統ブランドのほとんどすべてが、ノースイースト生まれである。

戦争による需要や技術革新もあり、その後、ミッドウェストやパシフィックに中小企業が誕生し、その数は数千に上る。とくにイリノイ州やカリフォルニア州は最大の生産量と雇用者数をほこっている。

現在、人気の製品は、セミオートマチック(半自動)の、軽量タイプのハンドガンと攻撃型ライフルである。これらの特定のタイプがアメリカの銃産業の歴史を大きく変えた。

ハンドガン製造の代表格はオーストリアに本社を置くグロック社(Glock G.m.b.H.)である。人気の理由は、引金に集中させた操作性にある。本体内部に設けた三つの安全装置は、外部にそれを設ける他社製品とちがい、引金を引くと同時に停止状態になり、引金を戻すと同時に作動する。したがって撃つための時間が短く、その分、早打ちが可能になる。また着脱式マガジン(弾倉)に装弾できる数は、最大、三一発まである。従来のブルースチールや木材(握りの部分)にポリマーを使い、弾数の重さを相殺する軽量化を実現し、耐久性とデザイン性を高めた。

このように殺傷能力が格段に高まり、デザイン性に優れていたため、警察などの法執行機関で採用され、現在では、その六五%を占める。一般市場も席巻し、それまでアメリカン・ブランドだったスミス&ウェッソンを瞬く間に凌駕した。たとえば同じ経口で比べても五百グラムのグロック19や「ポケット・ロケット」の商品名で売られているグロック33は人気が高い。このように警官の銃だけでなく、市民が保有・携行する銃も、従来の六連発リボルバーから高容量のマガジンを備えたセミオートマチックへと格段の進歩をとげている。

次に攻撃型ライフルの代表格はAR−15である。これは軍事仕様のM−16の「文民仕様」である。ここ数年、販売が急増し、すでに数百万丁が出回っている。軽量でアクセサリーをカスタマイズできる。そのため女性にも人気がある。ユーザーはその外見から、「ブラック・ライフル」と呼ぶが、業界は「モダン・スポーティング・ライフル」と名づけて、イメージアップをはかっている。

次に販売の分野をみておこう。司法省の監視機関ATF(アルコール・タバコ・火器・爆発物取締局)から正式に認可された正規のディーラー、マニアなど個人取引の業者、そしてオンライン販売に分けて説明する。

正規のディーラーは全国で七万八千人、一一万五千の店舗を経営している。モールのスポーツ用品店、アウトドア・ショップ、シューティング・レインジ(射撃練習場)で銃を販売している。ガン・ショーはもともと、銃器および、弾薬、ホルスター、照準、標的、手入れ用品などの関連製品を売るための、展示即売会だった。しかしここ一〇年、年間の開催は五千回を超え、顧客数も二千五百～三千万人を数え、週末必ずどこかで開かれている。

アメリカ最大のものは、毎年一月中旬に、業界団体のナショナル・シューティング・スポーツ・ファウンデイション(National Shooting Sports Foundation)が主催する、「シューティング、ハンティング、アウトドア・トレイド・ショー・アンド・コンファレンス」(Shooting, Hunting, Outdoor Trade Show and Conference)である。二〇一一年には、ラスベガスのサンズ・エクスポ・アンド・コンベンション・センター（Sands Expo and Convention Center)で開催され、五万五千人が合衆国ほか百ヵ国以上から参加した。

一般市民には非公開の、業者や専門家だけが参加できる純粋な業界イベントである。主催者の団体の代表スティーブ・サネティによると、このイベントは、ガンについて政治と年間二八〇億ドルのドル箱産業が一堂に会する場で、銃製造業者や銃のディーラーに加えて、ＦＢＩ、全米ライフル協会、ＡＴＦがブースを開いている。ちなみにＡＴＦはセミナーを開いて、ディーラーに武器販売を規制する連邦法、身代り購入を防ぐ方法、犯罪捜査で発見される銃の追跡調査を可能にする連邦書類の記入方法などについて、啓蒙している。出品者は一千六百を超え、販売や流通の業者が見学したり購入したりする。

他方、毎週末、アメリカ各地で開かれる一般のガン・ショーでは、これらの売買では購入者の犯罪歴チェックが甘くなる。そのため、いわゆる「わけあり」の人たちも訪れる。犯罪につながる銃が売買されることもある。しかし販売記録が当局へ報告されないこともあり、発見された銃から犯人の追跡・捜査の有力な手掛かりにならない。銃の顧客は、自衛目的の市民だけではなく、まさにその自衛を脅かす犯罪者、麻薬ディーラー、精神病患者、テロリスト、そしてメキシコ系の麻薬カルテルまでがふくまれる[LCTPGV: Oct 30, 13]。

近年、ガン・ショーは一種の移動式のモールやフリー・マーケットに変貌しつつある[WP: May 3, 13]。主催者は、銃器を求める成人男性だけでなく、ジュエリー、衣類、日用品、食品、そして玩具を用意し、休日を家族で楽しく過ごせるイベントにしようとしている。そうすることで、銃に馴染みのうすい主婦層にも浸透する狙いがあるという。

オンライン上の取引では、一般的に、薬、タバコ、ローンなど、多様な製品と同様に銃も扱われる[WP: Sept 17, 14]。「ノー・クエスチョン」、「ノー・ペイパーワーク」の匿名性が原則となっている。サイト自体は当事者間のじっさいの売買にはいっさい関知しないという立場を貫いている。

アームズリスト・コム(Armslist.com)やクレイグ・リスト・オーグ(Craiglist.org)では、たとえば窃盗など大罪、家庭内暴力などの前科があり、したがって銃器の保有・携行を禁止された人物がそれらのサイトに、購入を求める広告を堂々と載せ、じっさいに購入した例もあるという。また売り手については、広告主の九割以上が個人であり、販売のさいに購入者について犯罪歴チェックをする義務がない。なかには一度に二〇丁以上の銃器リストを掲載する広告主もあり、実質的には無許可で営業し、連邦法を迂回する。結果として、身元チェックをクリアできないタイプの人物にも銃器を提供することになる[NYT: Apr 17, 13]。

ただし他州の人たちに販売するさい、個人は許可証をもたない人たちに銃器を販売してはならないという、連邦法の規制があるが、実態としては規制を無視した取引もあるという。

ソーシャル・メディアの大手をみると、グーグル＋、クレイグ・リスト、ｅＢａｙはすでに無許可の個人が銃器の販売広告をポストすることを禁止している。フェイスブックも二〇一四年三月、サイトを使った銃器販売の有料広告を禁止したが、無許可の個人の広告については、一八歳未満の閲覧を禁止するだけなど、他社に比べて規制が甘い。ほかにもヤフーのタンブル(Tumblr)やグーグルのユーチューブ(YouTube)も銃器販売についての基準が甘い。その背景には、商業広告をふくめた、広告の自由を保障する修正第一条の「言論の自由」がある[WSJ: Mar 5, 14]。

関連産業がいくつかある。その一つは練習場としてのシューティング・レインジである。たいてい銃器のショップを併設している。近年、その高級娯楽化の傾向もみられる。フルオートマティックの高性能銃器を使用できるだけでなく、ゴルフ場のクラブハウスのレストランのような場所で飲食を楽しみながら、銃の練習をする家族もある[WP: Jan 13, 15]。

メディアの影響も小さくない。とくに子どもへの販促については、メディア(出版、映画、ビデオ産業、ゾンビ)によるところが大きい[NYT: Jan 26, 13]。『ガンズ・アンド・アンモ』など、人気の銃の専門誌がある。これは銃の宣伝誌であると同時に、これ自体が一つのインダストリーとなっている。ハリウッド映画産業にも宣伝効果がある。たとえば『ダイ・ハード2 ダイ・ハーダー』(一九九〇年七月公開)において、主演のブルース・ウィリスが使ったベレッタや、カネ目当てのテロリストが使ったグロックが人気となった。

また銃器による殺戮やレイプなど、暴力シーンをふくむビデオ・ゲームがある。従来の一方向的なメディア(本、映画など)では物足りなくなった消費者がバーチャル世界で、より強い刺激を求めるようになった背景がある。たとえば、『モダン・ウォーフェア』、『コール・オブ・デューティ』、『グランド・セフト・オート』など、それぞれのシリーズが売れ筋である。内容としては、プレイヤーによる、警官や通行人への暴力行為、女性への性暴力、拷問、略奪、そして殺人行為をふくみ、乱射事件の原因の一つとして懸念する人もいる。

攻撃型ライフルはターゲット・シューティングのビデオ・ゲームに浸透し、最近ではスマートフォン用のアプリ「ポイント・オブ・インパクト」(Point of Impact)に人気がある。九歳以上のレイティングで、「iチューンズ」(iTunes)にアップされ、プレイヤーはAR-15やセミオートマチックのハンドガンで無生物のターゲットを狙い打つ。

しかし乱射による大量殺人の犯人の多くが、このようなゲームのマニアであることもあり、科学的に証明されたわけではないが、両者の関係を懸念する専門家もいる。またこれらのゲームには必ず銃器の広告やショップへのリンクもある。ただしバーチャルな行為で満足させ、現実の乱射を抑制する効果を指摘する専門家もいる。

州政府や郡・市の政府は二〇〇〇年頃から何度も規制しようとした。しかし最終的には、二〇一一年六月、連邦最高裁は、七対二で、カリフォルニア州法「暴力ビデオ・ゲーム販売禁止法」(二〇〇五年)に違憲判決を下している。わいせつ性に対する年齢的配慮を暴力性にも拡大適用することを求めたカリフォルニア州政府の要求を退け、表現の自由の原則によりビデオ・ゲームの保護を求めたビジネスの主張が認められたことになる。

二　銃撃事件が増益に貢献する負の連鎖

それではまず、事件やそれに続く世論や政治の動向がインダストリーに与える影響を、連邦レベルでみておこう。

販売実数を示す統計はないが、販売の増減のバロメーターになる統計がある。**表5**はＦＢＩが一九九八年以来、購入時の犯罪歴チェックＮＩＣＳの件数を記録したものである。それによると、売上最高の週間や月間はいずれも大きな事件の直後である[FBI: Oct 2014(updated)]。その理由

表5　FBIによる購入時犯罪歴チェックの件数、1998-2015

NICS犯罪歴チェックの件数の多い日付、トップ10

1998. 11. 30-2015. 11. 30

順位	日付	チェック件数
1	2015. 11. 27　金	185,345
2	2012. 12. 21　金	177,170
3	2014. 11. 28　金	175,754
4	2014. 3. 4　火	167,585
5	2012. 12. 20　木	159,604
6	2012. 11. 23　金	154,873
7	2012. 12. 22　土	153,697
8	2012. 12. 18　水	153,672
9	2014. 2. 28　金	153,451
10	2014. 3. 5　水	148,225

NICS犯罪歴チェックの件数の多い週、トップ10

1998. 11. 30-2015. 11. 30

順位	日付	チェック件数
1	2012. 12. 17-2012. 12. 23	953,613
2	2014. 2. 24-2014. 3. 2	783,620
3	2014. 3. 3-2014. 3. 9	697,770
4	2013. 1. 14-2013. 1. 20	641,501
5	2015. 11. 23-2015. 11. 29	640,022
6	2013. 2. 11-2013. 2. 17	618,361
7	2013. 1. 7-2013. 1. 13	603,882
8	2012. 12. 10-2012. 12. 16	602,003
9	2014. 12. 15-2014. 12. 21	595,201
10	2013. 2. 4-2013. 2. 10	592,542

［FBI: Oct 2014(updated)］

は、事件報道が犯人の使った銃器の威力を詳細に伝えるため、犯人の武器に劣らない武器を求める人たちが、買い急ぐからである。またサンクスギビング・デイとクリスマスの間のギフトシーズンに集中していることがわかる。

ちなみにこれまでの売り上げ最高は、表5の通り、サンバーナディノ乱射事件、オバマ政権による銃規制強化の提案、そしてギフトシーズンという、増加の三大要因が重なった二〇一五年末である。この傾向はさらに、連邦や州の政府要人が事件後の「談話」でみせる規制の「ほのめかし」によって増幅される。

たとえば一九八九年の小学校襲撃事件(ストックトン、カリフォルニア州)、一九九一年のルービー大量虐殺(キリーン、テキサス州)、一九九三年のワッコ籠城事件など、一連の陰惨な銃撃事件のあと、銃規制の連邦法が成立した。一九九四年九月、可決された攻撃型銃器規制法にクリントン大統領が署名し、同タイプの生産と販売を禁止し、弾倉を一〇発に制限した。

しかし同法は施行前に製造された銃器やマガジン(弾倉)の継続販売を認める抜け道があったため、まさに新法が購買欲をあおることになった。とくに一〇発以上の弾倉を使う銃をもつ人たちは、弾倉の買い置きをしようと考えた。禁止前に生産された高性能の武器や弾倉が小売店、ガン・ショー棚を席巻し、とくに弾倉に対する空前の人気を引き起こし、天井知らずの売り上げにつながった。まさに逆効果となった。

またこのような銃規制の強化はメーカーにとって、新たな販促や製品開発の好機となる。たとえばグロック社は新法が作り出したこの空前の需要に、新しい方法で対応した。八〇年代後半から九〇年代前半にかけて、九口径の銃を警察署に供給していたので、同社は警察署に新製品の購入にさいして使用可能な九口径の下取りを提案した。これが強力な顧客ロイヤルティにつながり、中古市場で規制前の弾倉を再販することができた。一九九四年、ワシントンＤＣの警察署から一万六千丁の高性能弾倉と五千丁の旧式のピストルを下取りしている。他方、市場では、二〇ドル以下だった一七発のグロックの弾倉は、その後数年間、約四倍の値段で売れたという。生産力をフル回転しても賄いきれないほどの注文を受けることになった。

グロック社は連邦法に従い、ピストルの弾倉を一〇発以下に抑えた小型ピストルを開発した。一九九五年に相次いで発表した、グロック26（九口径）、グロック27（四〇口径）、「女性の携帯にぴったり」の「ポケット・ロケッツ」などは、従来の標準より砲身も弾倉も一インチずつ短くされ、ポケットやパースにおさまった。しかし同時に、禁止前に生産された大容量の弾倉を着脱可能にすることで、新法を骨抜きにしたのである。

その後二〇一三年までに隠匿銃を認める州が全国に広がり、小型軽量の銃器が売れるようになった。

こうしてグロック社の売り上げは、一九九〇年代末には、およそ百万ドルになったという。

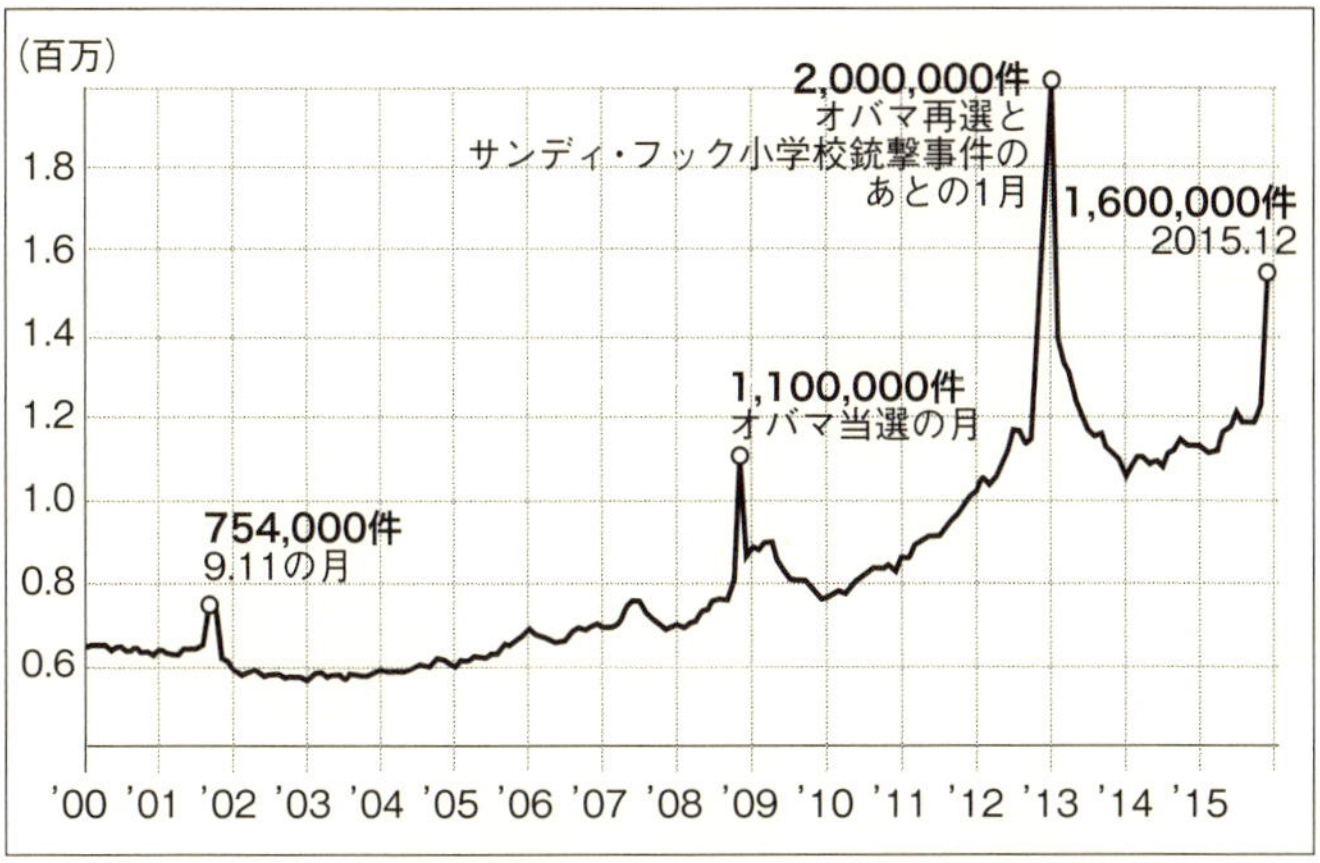

グラフ８　オバマ政権と銃の売り上げと相関の高い犯罪歴チェック件数、2000-2015

［NYT: Jan 4, 16］

このように、グロックの人気の高まりは合衆国の銃規制法の改正を追い風にしていると専門家はいう。

同じように、サンディ・フック小学校事件（二〇一二年一二月）以降の一、二ヵ月で、攻撃型のライフルは売り切れてしまった。しかも一、二〇〇ドルだったものが、二倍以上で売れた。在庫があっても、ほとんど「ソールド」タグが付き、ウェイティング・リストができる。これは事件直後、オバマ政権によるこのタイプのライフルの販売制限の提案を受けて、上院議会が公聴会を開くなど、連邦政府が規制強化の気配をみせたからでもある。

この規制強化は実現しなかったが、規制を政策にかかげる民主党政権が誕生するだけでも、売り上げに与える影響は、かなりはっきりしている。しかも**グラフ8**の通り、これまでに何度かみられる[NYT: Jan 4, 16,]。

またこのグラフからはわからないが、連邦政府の軍やFBIなど法執行機関による採用もガン・インダストリーに大きな影響を与える。連邦政府による採用はさらに、州・郡・市レベルにおける法執行機関の採用につながる傾向もあるという[WP: Oct 31, 15]。

たとえば陸軍にならい、海軍では主力を、かつての主流M16ライフルからM4に移しつつある。小型、短筒、折り畳み式などM4には改良点がある。さらに軽量化(三・四キログラム)されても、M16と同じサイズの銃弾(五・五六㎜)を撃つことができる。こうした技術革新は、国内の取締り機関の採用にも影響している。FBIでは、かつて一九八六年、貫通力を強めるため、銃弾を九㎜から一〇㎜に変更したが、二〇一五年から九㎜に戻しつつある。背景には軽量化を可能にした弾道学の進歩があるという[WP: Oct 31, 15, Gibbons-Neff, Thomas et al.]。

こうした政府機関による採用の経済効果は少なくない。FBIの職員数は一万三千人であること、さらに、各地の警察がFBIのモデルにならうからである。ちなみに、軍の中古は、装甲車など他の武器をふくめて、現地警察におろされているが、近年、乱射事件や黒人暴動に動員される現地警察が、外見上、兵士と見分けがつかないほど、「軍事化」しているのはそのせいである[NYT: Jan 26, 16]。

次に、州レベルにおけるガン・インダストリーへの影響をみておこう。州のレベルではすでにみた通り、ブルーステイトや都市部はより厳しい州法を成立させ、レッドステイトや農村部はガン・ライツをより強化する州法を成立させつつある。この動きに対して、銃器メーカーは本社や工場を銃規制の緩い、ガン・フレンドリーな文化をもつ州への移転を検討し始めた。

ノースイースト、ミッドウェストの五大湖周辺、そしてウェストのパシフィック地方には、有名ブランドや中小企業を多くかかえる州がある。しかしこれらは同時に都市部の多い、銃規制を強めてきたブルーステイトである。中小企業の一割をもつマサチューセッツ州では、個人による購入数を制限し、メーカーにマイクロ・スタンピング(micro-stamping)を義務づけている。また大企業がいくつかあるイリノイ州では、攻撃型ライフルの保有・携行を禁止し、メーカーに州民への銃器販売を禁止している。加えて、銃に対する嫌悪や恐怖が強く、存在自体を薄気味悪く思う人たちが多い。メーカーにとってはきわめて居心地が悪い。

したがってこれらの地域のメーカーはレッドステイトへのエクソダス(脱出)を検討している。たとえば一九世紀前半から続く銃産業の中心コネティカット州は、二、九〇〇人ほどの雇用があるが、老舗のコルト社やO・F・モスバーグ社は移転を検討している。またPTR社(PTR Industries, 二〇〇六年設立)は製造部門の一部をサウスカロライナ州へ移転することを決定した。ほかにもスタッグ社(Stag Arms, 二〇〇三年設立)が移転を考えているという。一方、スターム・ルーガー社(Sturm Ruger & Co.)のように本社の残留を決めた企業もある。大手になれば、引っ越しや新工場の建設など移転にかかる費用や新たな下請け会社や輸送会社の手配など、移転は簡単ではない[WSJ: Jun 25, 13]。

ニューヨーク州では、レミントン社が移転を検討し、カー・ファイアアームズ・グループ社(Kahr Firearms)が移転を考えている。メリーランド州のベレッタ社(Beretta)はテネシー州に移転することにした[WP: Jul 28, 14]。また伝統的な銃の生産に加えて、コロラド州では、州内外で起きる乱射事件への対応として、マガジン(弾倉)の製造についても規制を決定した。同州で銃器のマガジンやアクセサリーを製造するマグプル社(Magpul)はワイオミング州やテキサス州への移転を発表している[NYT: Aug 5, 13]。

他方、移転先としては、ミッドウェストのプレインズやウェストのロッキー・マウンテンズなどの地方である。具体的にはアイダホ、モンタナ、サウスダコタ、アラバマなどの州がある。これらの州は、雇用創出をめざして積極的な誘致策を展開している。銃の保有・携行にかんする規制、製造や販売にかんする規制を緩和するだけでなく、土地の売却、施設の無償貸与、戻し減税、労働組合の活動の制限、補助金など、あの手この手で優遇措置を仄めかしている。テキサス州のリック・ペリー(Rick Perry, 共和党)など、誘致を狙う知事は自らメーカーを訪れ、特典に加えて熟練労働の供給やガン・フレンドリーな文化を力説するセールスを展開している。

三　業界の新たな動き

近年、ハンティングやシューティング・スポーツの競技人口や愛好者の人口に減少がみられる。正式なライセンスをもつハンターの割合は総人口の七％（一九七五年）から五％（二〇〇五年）に減っている。そのためガン・インダストリーは数百万ドルをつぎこみ、とくに青少年の取り込みにかなり力を入れている。

たとえば、二〇〇八年に、まだ法的に保有・携行を認められない青少年(八〜一七歳)に対する大々的に実施した市場調査の結果から、新たなユーザーの開拓とその維持を重視する「リクルートメント・アンド・リテンション」を基本路線とした。

この基本路線のもとで、まず、軽量の子ども向けの銃器を開発し、『ジュニア・シューターズ』(*Junior Shooters*, 二〇〇七年創刊、アイダホ州に本社)という少年少女向けの雑誌を創刊し、攻撃型のセミオートマチック・ライフルを構える少女のクールなフォトや体験談を載せている。親にもみせて、クリスマス・プレゼントとしてねだるように勧めている。またゾンビ・ターゲット、ピンク・ガン、ピストル・グリップや折り畳み式の部品など、攻撃型ライフルのアクセサリー・オプションの情報を満載している。統計的にはチアリーディングやソフトボールより事故が少ないことを示し、銃器購入のための割引券をつけている。

こうした青少年への販促については賛否両論があるが、結局、子どもに銃器の扱い方を教えるかどうか、またどのような銃器をもたせるかの判断は、一般に、親に一任されている。

さらに各種の講習会や競技会などのイベントを後援し、新たに獲得した「顧客」の保持をはかっている。競技会のなかでは、業界の肝いりで二〇〇九年から始まった「スコラスティック・スティール・チャレンジ」(Scholastic Steel Challenge)が有名である。スミス&ウェッソン社やグロック社など、銃器メーカーが後援する。ちなみにグロック社は軽量タイプのハンドガン、グロック９を寄付しているという。また銃器販売の全国チェーンであるミッドウェイＵＳＡ(Midway USA)も参加している。

また「ユース・シューティング・スポーツ・アライアンス」(Youth Shooting Sports Alliance)など、非営利団体のなかには、ＡＴＫ、ウィンチェスター社、スターム・ルーガー社などの企業から寄付を受け、二〇一一年には、各州の競技会やユース・キャンプに併せて数十回のグラントを出している。一回のグラントの内容は、ライフル二三丁、ショットガン四丁、弾薬一六箱であるという。

さらに近年、**グラフ9**が示す通り、メーカーの堅調な株価を反映して、金融資本が参入している。経営統合による業界再編の動きもみられる[WP: Dec 2, 15]。

たとえば二〇〇六、七年頃から、フリーダム社(Freedom Group)は企業買収を始めた。メイン

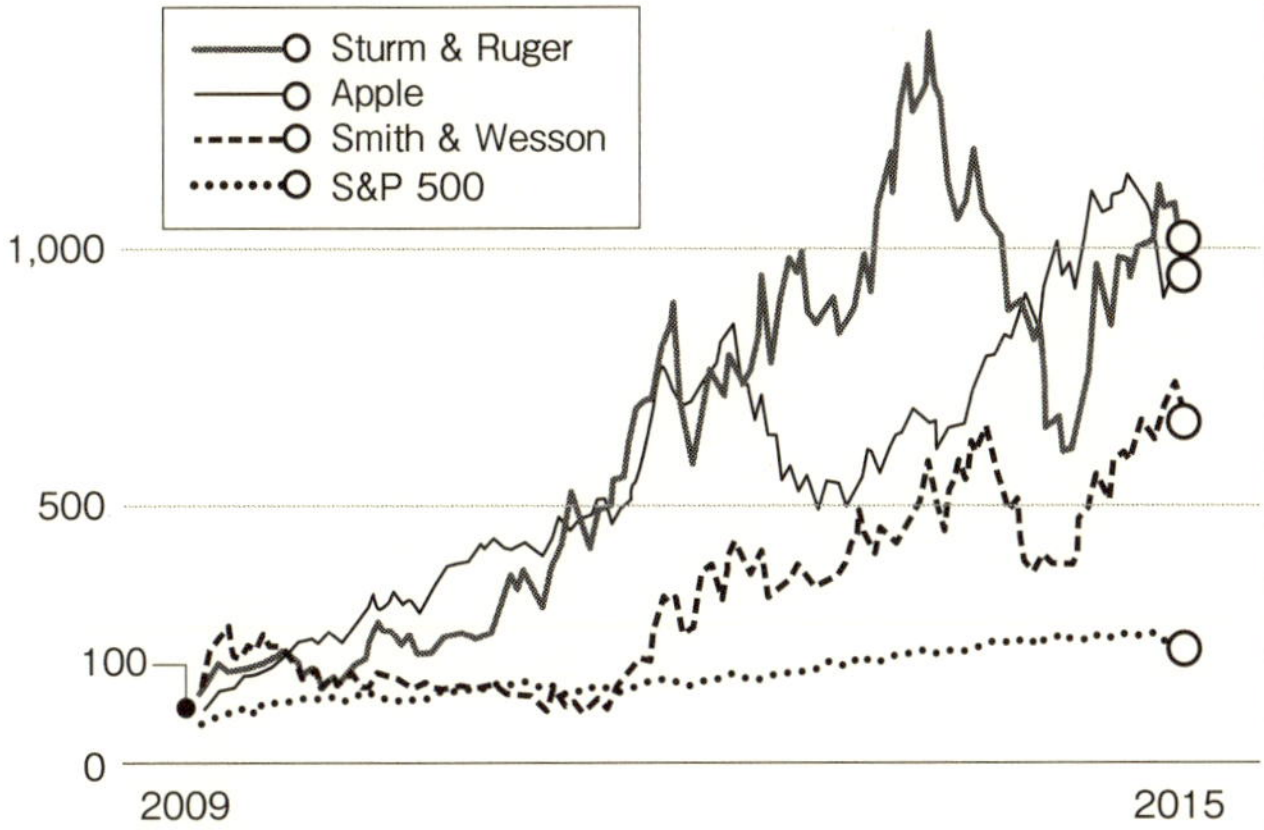

銃器メーカーの株式は、オバマ在任中に、強い戻りをみせている。なかにはアップルのそれに匹敵するものもある。

グラフ９　銃器メーカーの株価指数（2009 年を 100 として）

［WP: Dec 2, 15］

州のブッシュマスター社(Bushmaster Firearms)を七千六百万ドルで、またレミントン社を三億七千万ドルで買収し、前者の生産ラインを後者に統合し、コスト削減と効率化を実施した。ほかにも、マーリン社(アーニー・オークリーというモデルで有名)やサウスダコタ州のダコタ社(Dakota Arms, 高性能の大物用のライフルで有名)、ミネソタ州のＤＰＭＳ社(DPMS Firearms, 攻撃型のセミオートマチック・ライフルで有名)を買収した。

加えて、ユタ州のバーンズ社(Barnes Bullets, ＴＣＪ(total copper-jacketed)により鉛蒸気を削減し競技者や警察に人気の弾丸を製造する)、Ｓ&Ｋ社(S&K

Industries, 銃器の木の部分やラミネートを手掛ける)、そして軍服の企業を買収し、生産を多角化した。同社発表によると、二〇〇九年四月からの一年間で、二二〇万丁のロング・ガン、二六億個の弾丸を製造し、ライフルやショットガンなど、いわゆるロング・ガンの分野で、国内最大級のメーカーとなっている。アフガン戦争時には狙撃用ライフルM24を軍に納入している[NYT: Nov 26, 11]。

フリーダム社を使い銃器メーカーを買い占めたのはサーベラス社(Cerberus Capital Management)である。同社は一九九二年に設立され、二〇〇七年、クライスラー社を買収し注目された。市場で過小評価される赤字経営企業を買収し整理したうえで、売却するか上場しその株式を売りぬく、いわゆるウォールストリートのヘッジ・ファンドである。二〇〇八年の金融危機以来、アメリカのかなりの有名企業がこの種の投資会社の手に落ちたことはいうまでもない。

現在では資本金二百億ドル、年商四百億ドルの企業となっている。市場拡大の戦略として、女性や若者への販促を強化し、またダン・クウェールなどロビイストに転向した政治家や陸軍や海兵隊を退役した将軍を役員に招致するなど、政府との契約にも力を入れている。

またサーベラス社への大口投資家には、カリフォルニア州教員退職システムやニューヨーク州職員・退職年金ファンドがふくまれていることがわかった。しかしサンディ・フック小学校事件をきっかけとして、それらは銃器メーカーへの投資を控えることにした。同社は世間の批判を恐れて、傘下のフリーダム社を売却しようとした。しかし買い手がつかずにいるという。ちなみに銃器産業の株価は一時的に急落したが、その後持ち直している[NYT: Dec 8, 13]。

ちなみにウィンチェスター社(ユタ州)やブラウニング社(ユタ州)はすでにベルギーのハースタル社(Herstal Group)に吸収されている。買収を免れた老舗企業といえば、スミス&ウェッソン社(マサチューセッツ州)、スターム・ルーガー社(コネティカット州)、コルト社(コネティカット州)くらいである。

近年、頻発する乱射による大量殺人事件に対応して、新たな産業が芽生えている。かつては犯人への対応として、警察など法取締り機関を対象に講習会を開いていた企業は、乱射事件がターゲットになる学校やモールや企業の要請を受けて、かなり実践的な講習会を開いている。確かに乱射事件が銃犯罪全体に占める割合は、件数においても犠牲者数においても、数%にすぎない。しかしとくにサンバーナディノ事件(二〇一五年一二月)以降、その需要は高まっている。元警察官だけではなく、軍の特殊部隊に所属していた兵士が、講師として、反撃の方法や机や椅子でドアをブロックする方法など、かなり実践的な内容を教えている。そのなかで「逃げる、隠れる、それでもだめなら戦う」という原則が示されるが、「戦う」は近年の傾向である[WSJ: Jan 6, 16]。

主に銃産業や関連産業の存在は、本書の大きな問いに対する五つ目の答えとなる。その堅調な展開は、いうまでもなく自由な企業活動を前提とし、政府の銃規制による生産や販売の制限を本能的に嫌う。また技術革新により、殺傷能力を年々高めているだけでなく、規制を骨抜きにするような改良をすることもある。

銃産業は、参入するウォールストリートをふくめて、銃人口の減少させないための啓蒙活動を必要とする。またユーザーとともに、銃の権利を維持する立法の必要性を共有する。つまり、有権者を啓蒙し、銃の権利を支持する候補者を当選させる選挙運動や、当選した議員に銃規制法案を握り潰させるロビー活動を必要とする。このために、有権者や企業の意見をまとめ投票ブロックとして組織し、政治献金を調達する役目を果たすのが、次章で扱う利益団体である。銃規制派のための利益団体をふくめ、有権者や企業を政治力に変えるインターフェースである。

第六章 利益団体

一 有権者、企業と政府をつなぐ役割

利益団体は、有権者や企業と政府を橋渡しする重要な、とくに参加型の民主主義においては欠かせない存在である。共通の利益や目標のもとに、企業や一般の有権者を組織し、彼らの代理として、彼らの総意を政府(議会、大統領と行政、司法)に直接届け、政策に影響を与えることが、その主要な目的である。政党とちがい、自ら候補者を立て、議会に代表を送るわけではない。しかし会員数を動員力とし、集めた会費や寄付を資金力とする。

利益団体は、政治過程に参加する機会を有権者や企業に与え、無関心を悪徳とみなす、参加型民主主義には必要不可欠な存在である。その活動は修正第一条の(政治的)言論の自由、結社・

請願の自由に保障されている。

利益団体を分類する視点はいくつかある。代表する利益からみると、経済的なもの、社会的なもの、そして公共的なものに分けられる［Berry and Wilcox, 2009］。

経済分野では、企業、農家、経営者、労働者などのための業界団体がある。たとえば、全米商業会議所(The U.S. Chamber of Commerce)のような財界全体を代表するもの、生産者ごとに分かれる農業団体、製造物ごとに分かれる製造業団体、業種ごとに分かれる労働団体もある。また退職者、退役軍人、障害者など、福祉受給者のための福祉団体もそれぞれある。

社会分野には、特定の人種や民族の地位向上、女性や子どもなど弱者の保護、性的マイノリティの平等、そして信仰の自由など宗教の保護にかかわる団体がある。

そして公共分野には、政治腐敗を監視する団体、環境、食品安全、動物愛護、消費者、死刑廃止の団体、税制改革の団体がある。加えて、州知事や市長など、公職者の団体もある。

これらの団体は各分野で、イデオロギー的に「保守」と「リベラル」に分かれ、党派的にも、特定の政党を支持する。近年、政党が二極化するにつれて、利益団体どうしで対立を深めている。たとえば全米自営業者連合、多くの経営者団体、人工中絶反対派の団体などは、全米ライフル協会を含めて、共和党色が強い。逆に、労働者を組織するＡＦＬ－ＣＩＯ(アメリカ労働総同盟・産業別組合会議)、環境保護のための資源保全有権者連盟やシエラ・クラブ(Sierra Club)、人工中絶を認めるプランド・ペアレントフッド(Planned Parenthood)やエミリーズ・リスト(EMILY's List)、同性愛者擁護団体、企業訴訟専門の弁護士団体などは民主党寄りである。

次に、その目標を達成するための活動や戦略の観点から、利益団体をみておこう。デモ、ストライキ、座り込みなど、直接的、敵対的な社会行動が活動の中心だったこともある。一時期の労働運動、公民権運動、女性運動、反戦運動、中絶反対運動などがそうだった。

しかし一般に、会員募集や資金調達や組織化の点で成長し、活動の戦略は平和的になっている。意見広告や教育や調査・監視・研究によって、有権者や政府を啓蒙する。つまり言論を中心に、アジェンダをセットし、広告で自分の立場を正当化し、対立する意見を否定する。また政府プログラムを監視し、その評価レポートを発表することで、有権者の関心をひきつけ、政策に影響を及ぼそうとするのである。

また政府との関係が緊密になるにつれて、団体の利益に同調する候補者の当選を助ける選挙運動や、立法の責任をもつ現職議員やその実施にあたる官僚へのロビー活動が中心となる。

利益団体が選挙に影響を与える方法は、いろいろある。戦略の提案、ボランティアの提供、訪問や電話やメールによる投票の勧誘、テレビ広告、候補者を採点したスコアカードの公表・配布、投票所前での有権者ガイドの配布、調査・研究結果のメディアへの提供など、多様である。しかも活動内容に合わせて、別の団体が作られ、全体として団体の数は急増している。団体の数や種類が増えた背景には、一九七〇年代、候補者の指名プロセスの主体が、政党指導部から予備選に移行したためであるといわれている。

もっとも重要なものは、資金を調達し候補者や政党へ献金する活動とそのための団体である。「選挙資金改革法」（一九七三年）によると、連邦の公職をめざす候補者は、企業や労働組合から直接献金を受け取ることができない。そこで献金の受け皿となる団体（ＰＡＣ, Political Action Committee, 政治活動委員会、通称パック）が生まれるわけである。

献金の受け皿となるＰＡＣは設立・運営にあたる人によって二つに分かれる。

その一つは、選挙の当事者である候補者や政党が設立運営するもので、三タイプがある。候補者が自分の選挙資金のために作る「候補者ＰＡＣ」、他の候補者に献金するなど自分の派閥を作るための「リーダーシップＰＡＣ」、政党が候補者に献金するための「政党ＰＡＣ」などである。こうして調達される資金は、遊説の旅費や選挙事務所の運営に充てられる。

しかしこれらのＰＡＣはすべてＦＥＣ（連邦選挙管理委員会）と国税庁（ＩＲＡ）の管理下にあり、選挙の種類やサイクルごとに献金額の上限がある。また献金者の氏名や金額や支出を四半期ごとに報告しなければならない。当然、課税される。

これに対して、もう一つは、候補者や政党から無関係に、業界や組合や市民が設立運営するＰＡＣがある。その多くは非営利であり、調達される資金は主に広告（issue advocacy）に充てられる。その広報活動は、原則として、むしろ団体独自の政治的「表現の自由」とみなされるため、「候補者ＰＡＣ」などに課される、献金額の上限や支出の制限は取り払われる。そのため、選挙運動期間限定の幽霊会社からの献金もあり、彼らの資金力は潤沢で、現代の選挙運動の主役はこの種の団体に移っている。別名スーパー・パックと呼ばれる所以である。

これらのＰＡＣは連邦の選挙運動資金法や税法の定義やコードナンバーによって名づけられているため、複雑にみえるが、以下の二つの条件に着目するとわかりやすい。

第一の条件は、広告において特定の候補者の当選や落選を意味する言葉を唱えるか否かというものである。それを唱える場合、その献金者の氏名や額の四半期ごとの報告や納税の義務など、選挙管理委員会と国税庁の両方の監視下に置かれる。「独立支出委員会」(Independent Expenditure Committee)がこれにあたる。

これに対して、特定の候補者の当選や落選を意味する言葉を唱えない「意見広告」の場合、献金者の氏名や額を一年に一回、国税庁に報告するだけでよい。しかもその時期は選挙から半年後になるので、それまでは誰がいくら献金したか、わからない半匿名性がある。そして選挙管理委員会の監視を受けない。「５２７委員会」(527 Committee)がこれにあたる。

第二の条件は、主たる活動が社会福祉や慈善であるかどうかというものである。予算や活動の過半数(五一％)を福祉や慈善に使う限り、義務は国税庁への収支報告のみになる。そのうえ免税ステータスもある。「５０１(ｃ)」(501(c))など、いわゆる社会福祉団体や慈善団体がこれにあたる。これは選挙運動をする側からみれば、「理想の団体」に近い。出所のわからない資金を無制限に使えるからである。その資金が「ダーク・マネー」といわれる所以である。

しかしこの種の団体は本来の目的を離れて、選挙運動のために作られることもある。「シエラ・クラブ」や「キリスト教連合」のように、なかには政治活動が活発すぎるために、「５０１(ｃ)」の資格を否認されたり剥奪されたりした団体もある。後述する全米ライフル協会をはじめ、多くの団体が異なる複数の団体を作るのは、目的に応じた活動をするためである。

利益団体の献金や支出は選挙活動だけでなく、政府に対するロビー活動により、政策決定にも影響する。特定の団体、業界から受け取る金額が多いほど、候補者は当選後に、その団体の利益のために時間と労力を注ぐようにみえるといわれている。

政治や政策への影響を競い合う利益団体は民主主義に貢献するかどうか。この問題はマディソンの時代から続いている。一方では、市民の民主主義スキルを高めたり、社会資本の形成に貢献したり、政府機能の補足的役割を果たすなど、民主主義にとって良いという人もいる。しかし他方では、貧富の格差が拡大する現代において、利益を追求する業界や富裕層が金の力で政府を買い、民主主義を麻痺させるという人もいる。

利益団体やロビイストの悪影響を知るには、ジャック・エイブラモフとその一味による献金、接待、賄賂、その見返りとしての立法の要求を描いた、ケビン・スペイシー主演の映画『ロビイストの陰謀』が、インディアン・カジノの意味合いを知るうえでも、お薦めである。

二　銃イシューにおいて対峙する利益団体

銃イシューにおいても、有権者や企業と連邦政府、州政府の間をつなぐ役割を果たす利益団体が、ガン・ライツ派と銃規制派に分かれて、対峙している。全体の構図としては、修正第二条の錦の御旗があることもあり、ガン・ライツ派が優位を占める。番付表にたとえるなら、東の横綱、NRAは別格の存在である。西の横綱はいない。以下、東西に中小団体が並ぶ。

「全米ライフル協会」(National Rifle Association, 以後NRAと記す)は一八七一年、ハンターのための団体として出発し、二〇世紀後半まで、「銃器安全教育、射撃術訓練、娯楽のための射撃」をスローガンとし、銃イシュー関連の唯一の団体として、射撃スポーツ、ハンティング、第二次大戦の復員兵などへの対応にコミットするなど、着実に会員を増やしてきた。

しかし暗殺事件や乱射事件のあと連邦政府が銃規制を強化しようとするたびに、会員数の減少など打撃を被ったため、一九七五年に政治部門を設立し、強硬派のもとで、銃規制への反対や修正第二条の擁護を唱える集団へと変貌したのである。

新生のＮＲＡは新たな会員の獲得に乗り出した。それ以前の一〇〇万人強から、今日では、四〇〇〇万人の会員を擁する、アメリカでも有数の強力な利益団体に成長し、この分野では他を圧倒している。年間予算は二五〇万ドルとも三百万ドルともいわれている。

年会費三五ドルを納入することで、会員には各種のディスカウント、雑誌購読、保険などの特典がある。また本部(バージニア州)や支部のシューティング・レインジで、警官、ハンター、競技者、女性、子どもに研修プログラムを提供する。またスポンサーを募り、競技会を開催している。そのほか、パンフレットなど各種印刷物の配布、ウェブ・ページの各種ポスティングにより、銃関連の情報提供を怠らない。またガン・インダストリーと緊密な関係にあり、広告料収入だけでなく、製品パッケージに団体の紹介パンフレットを挿入するなどの特権を得ている。

ＮＲＡはこの非営利団体を中心に、ＮＲＡ-ＩＬＡ(NRA-Institute for Legislative Action)やＮＲＡ-ＰＶＦ(NRA-Political Victory Fund)など、その傘下に団体をいくつかもつ。献金やロビーや意見広告や候補者の格付けやシンクタンクなどの活動目的によって、また免税・課税に応じて、団体の種類を使い分けている。選挙活動やロビー活動については後述する。

ガン・ライツ派の他の団体をみておこう。「ガン・オーナーズ」(Gun Owners of America)は、ラリー・プラット(Larry Pratt)が一九七五年に設立した非営利団体である。修正第二条が保障する個人の権利の保護を唱え、連邦政府や州政府にロビー活動をおこなう。また銃関連の訴訟の弁護もする。傘下に調査団体をもち、二〇ドルの年会費で、ニューズレター、eメール・アラート、候補者の格づけを提供する。毎年、独立戦争の開戦記念日（一七七五年四月一九日）に、DCのワシントン・モニュメントのもとで「セカンド・アメンドメント・マーチ」を主催するなど、規模は小さくマスコミの注目度も低いが、NRAの妥協的な姿勢をけん制し、銃規制をまったく認めない[Wilson, Harry L., 2007]。

「セカンド・アメンドメント・ファウンデイション」(Second Amendment Foundation)は、アラン・ゴットリーブ(Alan Gottlieb)がワシントン州ベルビューで設立した意見広告団体である。修正第二条の原理主義的な啓蒙活動や訴訟をおこなう。一五ドルの年会費で新聞、雑誌、ニューズレターを提供する。マスコミの注目度が低く、会員数も少ない。

ほかにも、「シティズンズ・コミッティ」(Citizens Committee for the Right to Keep and Bear Arms)や「コミッティー・フォア・ジャスティス」(Committee for Justice)や「アメリカン・ハンターズ・アンド・シューターズ・アソシエーション」(American Hunters and Shooters Association)などがある。

加えて、業界団体として、「ナショナル・シューティング・スポーツ・ファウンデイション」(National Shooting Sport Foundation 以後SSFと記す)がある。射撃、ハンティング、銃器のインダストリーを代表する業界団体である。その本部はサンディ・フック小学校事件が起きた、コネティカット州ニュータウンにある。年間予算の二千六百万ドルの出所は、銃器メーカー、関連産業、そして同団体が実施する「ショット・ショー」(SHOT Show)である。

次に、銃規制派の市民団体をみていこう。銃規制派の主な市民団体は以下の通りである。

「メイヤーズ」(Mayors Against Illegal Guns Coalition)は、二〇〇六年四月、当時のニューヨーク市長マイケル・R・ブルームバーグ(Michael R. Bloomberg)、ボストン市長トーマス・M・メニーノ(Thomas M. Menino)が中心となって一五市の市長によって、銃の密売や小売の違法販売を取締り、銃の追跡テクノロジーの開発、そして発砲事件を減らす方法を検討するために設立された。ほかに、シカゴ、シアトル、ダラス、ワシントンDCの市長が参加した。しかしフロリダ、ウェストバージニア、オハイオ州からは一市も参加していない。わずか一年で、四六州二百都市を超え、それらの市民を合計すると、五千万人を代表し、当時としては銃規制派最大の団体だった。

二〇〇九年一〇月、同団体はオバマ政権に意見書"Blueprint for Federal Action on Illegal Guns"を提出し、銃犯罪の防止をめざす、四〇の方針を提案し、司法省のATF(アルコール・タバコ・火器・爆発物取締局)の組織改革や予算・人員の強化による銃規制の強化を求めている。

二〇一四年、ニューヨーク市長を退任した翌年、ブルームバーグは「マムズ」(Moms Demand Action for Gun Sense in America)の一部など、他の組織と合同し、同団体を草の根レベルの「エブリタウン」(Everytown for Gun Safety)に改編した。西の横綱をめざし、連邦、州の両レベルで、ロビー活動、選挙運動を展開している。違法な銃取引の規制に絞り、銃の保有・携行の権利を避けるスタンスは確かに有効である。しかしブルームバーグという一大資産家の資金を背景とした運動であり、今のところ、草の根レベルで有権者を組織する参加型のＮＲＡに対抗する力はない。

「コアリション・トゥ・ストップ・ガン・バイオレンス」(Coalition to Stop Gun Violence, 一九七四年設立)は、公民権運動から生まれた、銃器による死者と負傷者を減らす、進歩的な使命をもつ団体である。その目的の達成のために、銃被害の調査結果を広報するなど、他の団体との連合の形成を重視している。その前身は銃所有の禁止を唱える教会の連合体だった。今日では、宗教団体、児童福祉団体、公衆衛生の専門家、グループ、社会正義団体など、四五の組織の連合体であり、非暴力を共通の信念とする広範な有権者を、一〇万人ほどを組織し、教育、訓練、選挙活動など、草の根レベルの活動を展開している。寄付を受けるだけで、会費はない。銃規制派のなかで第二の勢力をもつ。

「ブレイディ・センター」(Brady Center to Prevent Gun Violence)は、一九七四年に発砲や乱射の犠牲となった人たちによって創設された、法規制と啓蒙活動のための、最初の銃規制派の団体を前身とする。会長はポール・ヘルムク(Paul Helmke)である。一九八一年のレーガン大統領暗殺未遂事件のさいに瀕死の重傷を負った、首席報道補佐官ジム・ブレイディ (James Scott "Jim" Brady)と妻サラ(Sarah)は銃規制派の活動家となり、この前身に加入した。ジムは二〇一四年に他界している。ウェブサイト上の登録だけで、ｅメールを受け取ることができる。会費はない。連邦、州の議会で、銃規制の立法のために活動しているが、NRAに比べると、会員数や資金など、そのサイズは一〇分の一である。同センターのサイトで銃による死傷者の統計をみることができる。

ほかにも「バイオレンス・ポリシー・センター」(Violence Policy Center)や「ミリオン・マム」(Million Moms March)や「リーガル・コミュニティ・アゲインスト・バイオレンス」(Legal Community Against Violence)があり、銃関連の調査・研究と規制のための意見広告をおこなう。また無料でeメール・アラート等を提供する。近年では、元下院議員ガブリエル・ギフォーズ(Gabrille Dee Giffords, D-Ari)が新たな団体を組織している。乱射による大量殺人件が起きるたびに、新たな団体が組織されるが、しかしその情熱は長続きせず、どの組織も設立時の勢いを維持するのが難しい。

学界にも銃規制を支持する団体が多い。たとえばアメリカ小児科学会(American Academy of Pediatrics)は、公衆衛生の観点から銃規制を主張する。一〇代の若者の死亡原因の第三位は銃であり、一〜一九歳の負傷の二割が銃によるものであることを憂慮し、銃の所有について質問し、必要に応じて安全へのアドバイスを与えている。通常、自宅に銃をもたないことを推奨するが、もつ場合には、弾を抜き、施錠した場所に保管することを薦めている。

一般企業も、概して、銃規制を求めている。商業会議所や「アメリカ法曹協会」(The American Bar Association)と協力しながら、敷地内への銃の持ち込みを禁止するなど、職場の安全を確保しようとしてきた。一般に労使間のトラブルが発砲事件につながることを懸念し、またとくに大手のレストラン・チェーン、小売チェーンは営業の観点から他の客への影響を恐れ、従業員に職場への銃の携帯を禁止するところも多い。

じっさい、二〇〇五年、『アメリカン・ジャーナル・オブ・パブリック・ヘルス』(*American Journal of Public Health*)に掲載された報告書によると、銃の所有または携帯を認める職場で殺人事件が起きる割合は、そうでない職場の五倍から七倍であり、アメリカの職場では毎週一七人が射殺されているという。

三　NRAの啓蒙活動、選挙運動、ロビー活動

まず啓蒙活動をみておこう。これらの少年少女対策の背景には、業界団体のSSFとNRAがある。後述する利益団体NRAは、ボーイ・スカウツ・カウンシルや4-Hグループなどの団体に資金を寄付し、高性能のライフルやハンドガンの扱い方を教えるだけでなく、それを、責任感、倫理観、順法精神など、市民の「ライフ・スキル」の獲得や、伝統的保守的な価値観と結びつけた実施方法を支援している。それにより、銃教育を学校教育のカリキュラムの一つとして導入しようとしているといってもよい。二〇一〇年にはその五年前の二倍にあたる、二一万ドルを投

資している。

経験豊かな少年少女を「ピア・アンバサダー」(Peer Ambassador)に任命し、ペイントボール、アーチェリーなど、軽い遊びから入り、そのあと、ハンティングやシューティング・スポーツに誘いこむ戦略をとっている。また家族に共通の趣味を作ることも奨励している。教育プログラムのなかには、「猟に連れてって」("Take Me Hunting")などの名称が目立つ。

また業界団体と連携し、ボーイ・スカウトのナショナル・ガードのキャンプや競技大会、陸軍や海兵隊の主催の催し物などで、メーカーの寄付を受けながら、講習会を開いている。アーマライト社(ArmaLite, AR-15の開発会社)は競技会の副賞にAR-10を提供し、ブッシュマスター社(Bushmaster)は自社サイトに三五〇ドル相当の割引クーポンを載せ「支援」している。

このような方策により、本格的な銃器のユーザーに育て上げることが、直接の目的である。しかし同時に、銃器使用の最低年齢をさらに下げる、廃止する、あるいは最低年齢未満の子どもたちに「仮許可証」を発行するなど、法的な対応もすすめている。したがって、単なる販促や啓蒙活動を超えて、銃器に反対する通常の学校教育から、次世代を担う子どもたちを取り戻そうとする、包括的なガン・カルチャーそのものの強化・拡大を意図している。

次に、選挙運動とロビー活動をみておこう。NRAはガン・ライツというシングル・イシューに特化し、それを唱える連邦議員の候補者を当選させ、反対する候補者を落選させる能力をもつといわれるパワフルな団体である。一種の「不敗神話」がある。

その強みは何といっても、四百万人を超える会員数にある。ただし全国にまんべんなく分布しているわけではなく、サウス、サウスウェスト、ロッキー・マウンテンズに多く、ノースイーストには少ない。したがってその政治力もその分布に従う。

資金力にも触れておきたい。ＮＲＡは一九九〇年からの二〇年間で、政治活動に一億ドル支出したという。その内訳は選挙運動に約二千五百万ドル、ロビー活動に約七千五百万ドルだった。一般に支出額はその団体のパワーを示すが、この支出額を超える団体は少ない。支出先の党派性をみると、銃規制派の団体は民主党へ向かう割合が高いのに対して、ガン・ライツ派の団体は共和党へ向かう割合が高い。ただし、たとえ民主党候補者であっても、ガン・ライツを支持する現職を支援する。ＮＲＡは「現職フレンドリー」を基本方針とする。

このように草の根レベルの動員力と潤沢な資金力を合わせて、有権者を投票に行かせ、現職議員の立法活動に影響をもつ。ＤＭ、電話、訪問に加えて、意見広告を使い、間接的に特定の候補者を支持することもあれば批判することもある。

それではＮＲＡがかかわった過去の選挙の例をいくつか紹介しよう。

連邦議員の選挙をみると、ビル・クリントンは購入者への犯罪歴チェックや攻撃用武器の販売の一〇年間の禁止など、新たな連邦法を成立させた。すかさずＮＲＡは報復に出た。それらの銃規制法案に賛成票を投じた民主党議員のうち、ＮＲＡが高く評価していた議員を落選させるため、ライバルの共和党候補を支援した。結果として、民主党は一九九四年の中間選挙で敗北を喫した。とくにワシントン州の下院選挙区では民主党の下院議長トーマス・Ｓ・フォレイ(Thomas S. Foley)が共和党候補ジョージ・Ｒ・ネサカット(George R. Nethercut)に敗れた。

一九九四年のテネシー州上院選(フレッド・トンプソンとビル・フリストの当選)、二〇〇四年のサウスダコタ州上院選(トム・ダッシェルの落選)に寄与したといわれる。とくにダッシェルが僅差で敗れたのはガン・メーカーの免責や銃関連の修正の法案に対し、少数派指導者として曖昧な態度を示し、ＮＲＡの標的にされたためだといわれている。このように高位の議員が、スキャンダルもないのに、落選することは珍しい。

また最高裁裁判官に指名された、銃規制派のエレーナ・ケイガン(Elena Kagan)を承認しそうな上院議員のうち、二〇一〇年の中間選挙で再選を迎える議員に、「報復」を示唆した。

二〇一〇年の中間選挙で、ＮＲＡが支持した上下両院議員候補三〇七名のうち、八〇%が当選した。投入した資金六七〇万ドルのうち、九八%が共和党候補に向けられた。その結果、下院議員の約半分が献金を受け取り、上院議員の半数がＮＲＡの「Ａ」評価を受けるなど、第一一二議会の半数がＮＲＡの影響下にあったという[WP: Dec 15, 10]。

大統領選をみると、二〇〇〇年、二〇〇四年には、共和党指名候補ジョージ・Ｗ・ブッシュを支援し、民主党指名候補アル・ゴアの敗北に貢献したといわれている。とくに出身州テネシーでの敗北は、ＮＲＡの反対運動によるものとされ、それ以来、「銃規制は鬼門だ」という意識が広まり、民主党候補者のトラウマとなっている。

銃規制派のオバマが風靡した二〇〇八年の大統領選で、ＮＲＡは銃所有者の不安をあおり、会員数を増やした。テレビやインターネットで、オバマが拳銃の所有を禁止し、ガン・ショップの九割を閉鎖すると喧伝し、売り上げを増やした。しかしオバマの公約は、長年提案してきた都市の暴力犯罪への取り組み、その具体策として、攻撃用の銃器の禁止、「警官殺し」の銃弾の禁止、「ガン・ショー・ループホール」（犯罪歴チェックなしの武器販売が許されている）の封鎖だった。つまり公約を未成年者や犯罪者から銃を遠ざける「常識的な」範囲にとどめた。じっさい、オハイオ、ペンシルバニア、フロリダ、コロラドなど、スウィング・ステイトの劣勢を案じて、穏健派のガン・ライツ団体「アメリカン・ハンターズ・アンド・シューターズ・アソシエイション」に接近し、銃所有者の懸念を懐柔しようとしたほどである。

そもそもシングル・イシュー・ボーターは少ないが、調査によれば、銃器に対する候補者の態度で、投票を決める有権者は一割ほどいるという。銃イシューを判断基準の一つに数える有権者はさらに多い。また選挙ではわずか一、二％の差で当落が決まることも多く、票の再集計がおこなわれる場合も多い。したがって候補者は有権者の判断基準となる銃イシューについては、できるだけ理解を示す選挙戦略をとらざるを得ない。候補者にとっては、決して無視できないイシューとなる。

じっさい、選挙運動中、テレビ広告で銃を使う候補者は、共和、民主を問わず、サウスやロッキー・マウンテンズやノース・イーストなど、ハンティングの盛んな地域で、多くみられる[Shaiko & Wallace]。とくに共和党候補は必ずといっていいほど、シューティング・レインジで対話集会を開き、銃を構え、オバマケアや税制と書かれた的を撃つシーンをテレビ広告に載せる。なかにはAR-15の銃砲にまきつけ実射で加熱した「マシンガン・ベーコン」をおいしそうに頬張るシーンもある[WP: Dec 4, 15]。

次に、ロビー活動の成功例として、とくに連邦議会を通して、銃取締り機関ATF(アルコール・タバコ・火器・爆発物取締局)を弱体化させた具体例をいくつかあげておこう。

たとえば一九七八年、カーター政権が販売許可証をもつディーラーに年四回の販売報告を義務づけようと提案したさい、NRAは草の根ロビーを展開し、三五万通の反対の手紙を連邦議員やホワイトハウスに出した。さらにワシントン・ロビーを展開した結果、連邦議会は同提案を廃案とし、さらにディーラーの販売記録をデジタル化することをATFに禁じた。連邦議会はそのための予算四二〇万ドルをカットし、ATFはいまだに違法販売のディーラーを割り出す作業を紙ベースの手作業でおこなっている。

また一九八六年、レーガン政権のもとで、ディーラーに対するATFの査察の回数を年一回に減らす法案、いくつかの違法行為を重罪から軽罪に変える法案、ディーラーの販売許可証を取り消すのに必要な証拠の基準を厳しくする法案などを成立させた。家族経営の小さな善良なディーラーを営業妨害に等しいATFの過重な取締りから保護するための立法だとNRAはいう。しかしATFにとって取締りはいっそう難しくなったという。

このNRAの攻勢に対し、銃規制派は訴訟を戦略とした。一九九〇年代のタバコ産業に対する訴訟の成功に学び、たとえばシカゴ市は銃の製造業者と販売業者を訴え、拳銃の販売促進が市民の安全を危険にさらしたと主張した。二〇〇三年、NRAは得意の議会カードを切った。下院議員トッド・ティアフート(Tod Tiahrt, R-Kan)は支出法案の採決の直前に、修正条項を付加し、ATFの銃追跡データベースについて、情報開示法(Information Freedom Act)の適用から除外すると修正を付加したのである。こうして銃追跡データを弁護士、研究者、ジャーナリストへ供与することを禁止した結果、ディーラーへの訴訟が難しくなった。

二〇〇六年、NRAはATFの人事制度に介入した。連邦議会に同長官を上院の承認を必要とする地位に「格上げ」させたのである。それにより、同職に対する大統領の指名は、上院の六〇票以上の賛成がない限り、成立しないことになった。上院議員のフィリバスター（議事進行妨害）によってブロックされるからである。連邦議会に多大の影響力をもつNRAは上院を通して、A

ＴＦのトップの任免権を左右するパワーを得たのである。それ以後、数年間、ＡＴＦには長官なしの時代が続いた。

ＮＲＡは従来、政治分野の目的を銃規制法の撤廃に絞っていたこともあり、支援勢力も抵抗勢力も、銃イシューにコミットする一部の議員や一部の利益団体に限定されていた。しかし「ＤＣ対ヘラー」訴訟や「マクドナルド対シカゴ」訴訟など、近年の最高裁判決によって、銃を保有・携行する個人の権利がいわば確定事項となるにつれて、ＮＲＡが扱うイシューが広がった。共闘するにせよ敵対するにせよ、対応すべき議員や利益団体の幅が広がったのである。

たとえば医療保険制度改革において、ＮＲＡのロビイストは、自宅に銃を所有する人たちに保険料を割り増しすることを保険会社に禁止する規定を盛り込むよう、当時の上院多数派指導者ハリー・リード(Harry Reid, D-Nev)と交渉し成功した。また、政治広告に従事する団体に献金者の氏名の公表を義務づける、いわゆる「情報開示」法案(Information Disclosure Act)の作成中に、ＮＲＡがその適用を免除されるような例外規定を民主党案に盛り込ませることに成功した。また高額の利子や手数料や罰金など、クレジットカード会社の営業を規制する法案に、国立公園や鳥獣保護区で弾丸を装填した銃を保有・携行する権利を認める法案を付加し、可決に成功している。

このようにＮＲＡの活動範囲は広がっているのである。

ここに本書の大きな問いに対する六つ目の答えがある。ＮＲＡをはじめガン・ライツ派の団体は啓蒙活動により、銃ユーザーの拡大、ガン・カルチャーの維持に努めているだけではない。その強力な動員力や資金力を使い、連邦議会、大統領、行政、そして最高裁裁判官の任命にまで、影響を及ぼす。銃規制派の団体の力がまだ弱いこともあり、ガン・ライツ派の敵は取締り機関ＡＴＦである。二〇一六年の時点で、ＮＲＡはこの機関を抑え込むことに成功していると言える。

このあと、連邦議会の立法、大統領と行政府による取締り、そして最高裁判決をみていくが、いうまでもなく、当事者たちはいずれも、多かれ少なかれ、これらの利益団体の意向に縛られているのである。

第七章 連邦議会と連邦法

一 連邦議会の役割

連邦政府を構成する三つの組織のうち、最初に、連邦議会を取り上げる。これまでみてきたように、連邦議会を構成する連邦議員は、特定のイデオロギーや党派性をもつ有権者の意向を、利益団体を通して、反映する存在である。また共和党、民主党など、議会のなかを指導する政党システムや委員会システムもまた同じような影響下にある。

連邦議会は上院と下院からなる二院制である。

上院議会の議員数は一〇〇人である。州の人口に関係なく各州から選ばれる二名の代表は、任期が六年、二年ごとに三分の一ずつ改選されることになっている。入閣、引退、不祥事による辞任など、改選数は三四を超えることが多い。「一州の重み」を平等にすることで、カリフォルニア（三、八三三万人）やテキサス（二、六〇〇万人）など強大な州による圧力から、ワイオミング（五八万人）など弱小の州を守っている。フィリバスター（議事進行妨害）という制度にも、多数派の横暴から少数派を守る機能がある。

下院議会の議員数は四三五人である。これは人口に応じて各州に割り振られる。州の定員数は一〇年ごとの国勢調査（センサス）に基づき、人口の増減に合わせて、見直しがおこなわれる。定員が増減した州は、選挙区の区割りを見直さなければならない。ちなみに任期が二年であるため、現職議員は資金調達など、再選のための運動を当選直後から始める。常に選挙モードである。

ためしに各州に配分される下院議員の定員数を計算してみる。まず合衆国の総人口約三億二千万を下院議員の定員数四三五で割ると、人口約七一万人につき下院議員が一人いることになる。したがって人口最大のカリフォルニア州の定員数は、その人口約三、八〇〇万を七一万で割って得られる、五〇数名となる。また七一万に満たない、人口最少のワイオミング州の定員数は、一となる。加えて、一〇年ごとの国勢調査により、定員数の州への配分や、それに基づく州内の選挙区の再編をおこない、下院議員については、「一票の重み」の平等をかなり正確に実現しようとしている。しかし「一州の重み」には五〇倍の開きがある。

ほかにワシントンＤＣや連邦自治区から選出され、議決権をもたない五名の代表がいる。

会期は二年間である。一七八九年に第一回を始めてから、すでに一一三回を数え、二〇一五年から始まった第一一四会期は、オバマ政権とともに、二〇一六年で終わる。

多数派を占める政党が議会運営を仕切る。多数派政党のなかで互選される、下院議長と上院指導者は各院で、審議する法案の採否や順序を決める、その原案作成を担当する委員会を決めるなど、最大の権限をもつ。法案を作る委員会や小委員会では、多数派政党が必ず過半数を占め、委員長を互選する。その分、彼らへ献金が集まる。それをリーダーシップPACで吸収し、他の候補者に選挙資金を提供することで、当選後に議会の指導者や委員会委員長になる。

ちなみに委員会にはランクがある。上院の委員会は「スーパーA」から「クラスC」まで四段階に分類され、たとえば歳出委員会、軍事委員会、外交委員会、財政委員会の四委員会は「スーパーA」に分類され、このランク内では、二つの委員会の兼任は認められない[NYT: Jun 2, 13]。段階が下がるほど、兼任できる委員会の数は増える。

少数派政党も各院や各委員会で、それぞれ、院内総務やランキング・メンバーを互選する。多数派を獲得すれば、彼らが下院議長、上院指導者、そして各種の委員会委員長になるとみなされている。したがって彼らのもとにも、献金が集まりやすい。

これらの政党の指導層は自党の議員に対して、法案への賛否の議決を強制したり、党の方針に従わないという理由で処罰したりする手段をほとんどもたない。また再選への出馬や引退についても本人に任され、指導層に制度的な強制力はない。あるのは、説得力や交渉力だけである。そもそも選挙資金のほとんどは候補者が、自己資金をふくめ、自力で調達し、その資金で各選挙区の予備選と本選を勝ち抜く。選挙区の有権者や献金者の意志が、利益団体のロビー活動を通して、彼らの議決の方針を左右するのである。

議員の仕事は、有権者を代表して立法することである。上院と下院がまったく同一の法案を可決しない限り、議会は大統領に署名を要請することができない。したがって、法案可決のハードルはきわめて高く、議会は暴走できない。予算にかんするものは下院から始めなければならないが、その他の法案の審議は両院のどちらから始めてもよい。

下院はたくさんの法案を審議するため、本会議では一つの法案に二、三時間しかかけることができない。そのため、本会議における修正などは関連性の高い内容に限定されるなど、議事運営がかなりマニュアル化されている。

他方、上院はそもそも、フィリバスターなど、議員一人ひとりが独立した権限をもつ。法案の修正についても、議事規則がほとんどなく、「付加条項」(Rider) によって、重要な法案や人気の高い法案に、まったく関係のない法案を付加することも少なくない。その場合、下院が上院の付加条項を別途可決しない限り、大統領に署名を要請できない。

いずれにしてもこれらの仕事は、上下両院で別々に、担当の委員会の審議から始まる。委員から提案された法案について、小委員会が開く公聴会で、専門家の判断やアドバイスを求めたうえで、委員会は審議し、可決された法案を本会議に提出する。上下両院がそれぞれまったく同じ内容の法案を可決し、大統領がそれに署名して初めて連邦法となる。小委員会、委員会、本会議、そして大統領署名など、法案が最後まで生き延びるのはきわめて難しい。

委員会は担当する省庁の法の執行について、また連邦法違反の事件について、独自の調査をおこなう権限をもつ。ただし二〇世紀に入り、大統領権限の拡大、それに伴う連邦官僚機構の肥大に伴い、行政を監視することも重要な仕事の一つになっている。

加えて、すべての連邦職員の給与と雇用条件を決める権限をもつ。とくに上院は省庁のトップ・レベルの職員として大統領が指名した人物を審査し、認否する権限をもつ。これらの権限についても、同じように、小委員会の公聴会から本会議の決議にいたるプロセスを経る。

ちなみに、すべての議決は記名投票である。投票は両院の公式の議事録である『コングレショナル・レポート』(Congressional Report)に記録され、インターネットでも公表されている。

近年、二極化がすすみ、党員が党の方針に従う、党派的な議決が多く、超党派の合意は珍しくなっている。「分裂政府」など、連邦政府が「ねじれ」ると、事態はさらに悪化する。両院のうちどちらか一方が可決した法案を他方が否決したり、両院で可決された法案であっても、大統領が拒否権を使ったり、連邦議会の立法活動はきわめて非生産的になる。

近年、連邦議会の人気はどんどん下がっている。最近(二〇一四年)はとくにひどく、最低支持率を更新している。

二　銃にかんする連邦法の推移

銃にかんする連邦法を振り返ってみよう。その内容は銃の保有・携行が許される人、ディーラー、そして銃器のタイプにかんするものが多い。銃規制法は成立しても必ず抜け道が用意されていたり、あとで修正されたりしている。結果として、ガン・ライツを擁護している。

禁酒法の時代にギャングによる銃を使った犯罪の増加への対策として、一九三〇年代、連邦議会は「全国銃器法」(一九三四年)を制定し、特定の銃器(マシンガン、サイレンサーなど)の輸送を制限し、その製造・販売に二百ドルの税金を課し、さらに、すべての購入・販売を連邦政府の財務省に登録することを義務づけ、その徴税と登録のための監視機関(のちのATF)を創設した。つまり、銃の保有・携行を禁止することなく、課税により銃器の入手を難しくすることで、犯罪組織の力を弱め、凶悪犯罪を減らそうとした。同時に、歳入の増加をも見込んだ、かなり野心的な銃規制法が成立した。ちなみに現在のATFの正式名称は「アルコール・タバコ・火器・爆発物取締局」(Bureau of Alcohol, Tobacco, Firearms and Explosives)で、犯罪で使用された銃の追跡や銃器の製造、販売を監視する役割を果たしている。

しかし六〇年代には「ヘインズ対合衆国」訴訟（一九六八年）において、最高裁はさきの「全国銃器法」の一部である、登録義務の規定について違憲判決を下した。ただし、その根拠は、修正第五条（刑事事件において、自己に不利益な供述を強制されない）であった。

同判決への対応として、連邦議会は、「全国銃器法」を一部改正し、申請・登録以前あるいは申請・登録中に起きた法律違反について、刑事手続き上、申請者に不利な証拠として使用することを禁止した。また、同法の規定にかかわらず、すでに所有されている銃器について、その登録義務を免除した。さきの銃規制はかなり後退したのである。

六〇年代後半から、銃による一連の要人の射殺事件が起きるたびに、連邦議会のなかでは銃規制の強化へ向けた動きがみられたが、それらの連邦法も、結局、同じような道をたどる。

たとえばジョン・F・ケネディ、その弟ロバート、そしてマーティン・ルーサー・キングJr牧師など、要人の相次ぐ暗殺事件を受けて、一九六八年、民主党リンドン・B・ジョンソン政権のもとで成立した「犯罪防止・街頭安全総合法」（Gun Control Act）は、①大罪で有罪判決を受けた者、逃亡犯、薬物常習者、不法移民、精神病患者など、銃の購入を禁止される人物を指定し、②連邦政府からライセンスを得たディーラーから拳銃（ハンドガン）を買うことのできる年齢を二一歳に引き上げ、③連邦政府のライセンスを必要とするディーラーの範囲を拡大し、④詳細な販売記録を銃の製造番号とともに、政府指定の書類(Form 4473)に記入しATFに報告することを義務づけるなど、銃販売を大きく規制した。それにより、犯罪に使われた銃の追跡調査を強化し、警察など取締り機関の便宜をはかろうとしたのである。

しかし一九八六年には共和党ロナルド・レーガン政権のもとで、逆に、「銃保有者保護法」を制定し、連邦の監視機関の活動を制限することで、ディーラーの販売の自由を保障している。たとえば銃器所有にかんする全国的登録データを作ることを連邦政府に禁止した。またガン・ディーラーを現地査察するATFの権限を年一回までとし、再査察については複数の違反が見つかった場合に限定した。他方、個人によるマシンガンの所有を禁止した。しかしその規定は同法の制定(一九八六年五月一九日)以後に製造されたものだけに適用され、それ以前に製造され登録されたものは適用外となった。すでにかなりのマシンガンが出回っていたため、立法の効果は少なかった。

加えて、ガン・ショーというういわゆる展示即売会で、販売許可証をもたない個人のディーラーや銃マニアが経歴チェックなしで販売することが許される、抜け道(loophole)が残された。ちなみにレーガンは暗殺未遂にあい、そのさい、ブレイディが瀕死の重傷を負った。

九〇年代にはビル・クリントン政権のもとで、銃規制がすすむかにみえた。しかし「クリントン・ガン・バン」(Clinton Gun Ban)と呼ばれる、これらの連邦法も、結局は、骨抜きにされていく。

たとえば一九九三年、「ブレイディ銃規制法」(Brady Handgun Violence Prevention Act)の制定により、「銃規制法」(一九六八年)が購入を禁止した人たちへの販売を防ぐため、ＦＢＩ管理の「全国即時犯罪歴チェックシステム」(National Instant Criminal Background Check System, 通称NICS)を導入し、正規ディーラーに購入者の犯罪歴チェックを義務づけた。

ちなみに、この「ブレイディ銃規制法」のもとで、州は連邦のデータベースへ銃の購入を禁止されるべき人物の情報を提供するよう義務づけられた。情報提供の対象は、大罪で有罪判決を受けた人、意思に反して(involuntarily committed)精神病施設に収容された人、本人または他人に対して危険であるという意味で精神疾患(mental defective)だと裁判所が認めた人たちである。一九九六年には、家庭内暴力(軽罪)で有罪判決を受けた人も、対象となった。

しかし全国規模の登録データの作成を禁止すること、チェック記録は保存しないことなど、「銃保有者保護法」(一九八六年)の規定は残された。また銃の販売をビジネスとしない、連邦政府のライセンスをもたない個人の売買や交換や譲渡に対しては、これらの規定が適用されなかった。「ブレイディ銃規制法」によると、ディーラーとは「時間、注意、労力をかけて銃器の販売に専心し、それをビジネスとして主たる生計や収入の源泉」とする人をさす。販売量を示す具体的な規定がないため、収集や趣味のために「ときどき販売する」人たちがどれだけ売買をおこなっても、正規ディーラーとはみなされないのである。ガン・ショーやオンライン取引が抜け道となる理由は、連邦法そのものにある[NYT: Apr 17, 13]。

ほかにもアンフィニッシュト・レシーバーを中心とする部品を販売し、購入者に組み立てさせることで、連邦法を迂回する方法もある。空港内の荷物取扱業者など、新手の密売をふくめて、不適切な人が銃器を入手する抜け道は多い。

一九九四年、「暴力犯罪制御執行法」(Violent Crime Control and Law Enforcement Act) の制定により、攻撃用ライフルの特徴を定義し、半自動攻撃用銃器の製造と販売を一〇年間禁止した。対象となる銃器は、AR-15、AK-47のうちのいくつかのタイプ、TEC-9、MAC-10、Uziなど一九種類である。主にメキシコ系麻薬カルテルはじめ、広く人気のある製品である。弾倉の弾数を一〇以下に制限し、大容量の弾倉の製造と販売も禁止した。

しかしすでに合法的に所有されている銃器や弾倉や、同法施行の前に製造されたものの販売は許されたのである。メーカーは駆け込みで大量生産しただけでなく、攻撃用ライフルの指定を免れるために、小手先の改造を加え、実質的に同じ製品を作り、販売したのである。結局、同法はその改造のためのガイドを提供しただけで、もともと一〇年間の時限立法だったが、二〇〇四年、更新する意義すら認められなかった。

二一世紀に入ると、共和党ブッシュ政権においても、それに続く民主党オバマ政権においても、連邦議会はガン・ライツを拡大する法案しか可決していない。

二〇〇〇年の情報公開法の制定により、情報の即時公開を求める訴訟が増えた。しかしそれまで一年の時間差を置いて情報を公開していたATFは、潜入捜査員の発覚など、捜査への支障を恐れ、銃の追跡調査について、情報の即時公開を躊躇した。NRAはそれを逆手にとり、二〇〇三年二月、議員ジョージ・R・ネサカット(George R. Nethercutt, D-Wa)を擁して、「時間差」の規定を下院の包括的支出案に盛り込ませている。情報公開法(Freedom of Information Act)に基づいて要求すれば可能であった、そうしたデータへのアクセスが、同修正により、遮断されたことになる。同法により、銃の販売業者は、良心的であれ悪徳業者であれ、警察の捜査や被害者による訴訟や学術調査から実質的に守られることになった。

二〇〇三年七月、ガン・ロビーの圧力を受けて、連邦議会は上院議員トッド・ティアフート(Todd Tiahrt, R-Kan)が提案した、いわゆるティアフート修正を可決し、犯罪に関連して押収された銃について、販売業者など、その出所を追跡調査した連邦政府のデータを、公式記録から抹消することを義務づけることにした。さらに同修正は、銃器産業を訴えるために郡・市の政府や利益団体がそのデータを使うことを禁止した。これはタバコ産業に対するおびただしい訴訟から、ガン・インダストリーが学習し先回りした結果であるといわれている。NRAのロビイスト、クリス・W・コックス(Chris W. Cox)によると、同法は銃の所有者や製造業者を保護するためのものであるという。一九六八年以来、「犯罪防止・街頭安全総合法」のもとで保管されてきた銃の売買にかんするデータが失われることになった。

ちなみにティアフートは二〇一〇年の中間選挙で、カンザス州共和党予備選挙で敗退した。

二〇〇四年、連邦議会は銃販売記録の抹消を二四時間以内にする法案を可決した。この法案が実施されると、連邦の銃規制の監視機関は銃器の販売記録を使えなくなり、その分、違法業者の摘発も難しくなった。それ以来、戦闘用ライフルを禁止する連邦法が失効していることもあり、口径の大きな拳銃や高性能の半自動小銃など、殺傷力の高い戦闘用の銃器による犯罪が増えている。また犯罪に使われた銃の五七％は一％の販売業者にいきつくという。

二〇〇五年、ガン・インダストリーが郡・市の自治体や個人からの民事訴訟を免れる法案を成立させている。上院では、前年まで民主党が多数派であったこともあり、チャールズ・シューマー (Charles E. Schumer, D-NY) がガン・ショーにおけるすべての銃販売に経歴チェックを義務づける修正、攻撃用武器を禁止する修正などを付加することで、故意に同法案を可決できなくした経緯がある。しかし二〇〇四年の大統領選挙で、共和党が議席数を五五に伸ばし多数派を獲得し、シューマーのフィリバスターを阻止できたこともあり、二〇〇五年七月、ラリー・クレイグ (Larry E. Craig, R-Ida) 議員の提案が可決されている。ちなみにクレイグは二〇〇七年、ミネアポリス国際空港の男子トイレでのわいせつ行為で逮捕され、任期満了とともに引退している。

下院では、同年一〇月、クリフ・スターンズ(Cliff Stearns, R-Flo)が代表提案した同じ法案を二八三対一四四で、再可決した。共和党議員二二三人に、民主党議員五九人と無所属の一人が同調した。その前年、下院は同じ法案を可決していた。

こうして銃の製造業者、卸売業者、小売業者は進行中の訴訟を免れた。背景には、犯罪で使われた銃の製造業者や販売業者の責任を追及する訴訟が、ニューヨークなど大都市の自治体や犠牲者の遺族から起こされていた。その種の訴訟において、当時のニューヨーク市長ブルームバーグは悪徳業者の追跡データを使うことを遡及的に要求していた。しかし結果として、NRAをはじめとするガン・ロビーの影響力を証明することになった。明らかにブルームバーグおよび彼の作る銃規制団体「メイヤーズ…」の敗北だった。

ちなみにペンタゴン(国防省)は国家安全保障を強化する手段の一つとして、同法を支持していた。同法により損害賠償訴訟を免れる企業にはアメリカ軍に武器を供給する企業もふくまれているからである。ガン・インダストリーは軍事産業としてペンタゴンから守られている。

二〇〇七年六月、バージニア工科大学の史上最悪の乱射事件のあと、連邦議会はFBIの犯罪歴チェックシステムを強化するため、銃の保有・携行を禁止される人物の情報を提供する州にその費用として補助金を提供する法案を可決した。

一見、銃規制をすすめた法案のようにみえるが、内情をみるとそうでもない。民主党が提案した厳しい内容が共和党提案によって緩和されていたのである。

下院議員キャロライン・マッカーシー（Carolyn M. McCarthy, D-NY）と上院議員チャールズ・E・シューマー（D-NY）などの民主党案は州によるＦＢＩのデータベースへの報告を自動化するため、連邦の予算をつけ、従わない州には犯罪防止プログラムの連邦補助金を停止する「アメとムチ」でできていた。一九九三年、ロング・アイランド・レイルロード（Long Island Rail Road）の発砲事件で夫を失っているマッカーシーは、一九九六年以来、銃規制を掲げて一〇回当選し続けた。

しかしじっさいに可決された法案は、連邦のデータベースのアップデートに協力する州に補助金を出し、州に情報提供を義務づけない共和党案だった。共同提案者のうちラマー・スミス（Lamar S. Smith, R-Tex）はガン・ライツの支持者であり、もう一人のジョン・ディンゲル（John D. Dingall, D-Mi）はＮＲＡの元理事である。彼らの提案はＮＲＡの要求に応えたものだといわれている。

こうして、それまで司法省のＡＴＦ（アルコール・タバコ・火器・爆発物取締局）のデータは州、郡・市の警察だけがアクセスを許され、民事訴訟におけるデータの使用を禁止していたティアフート修正は、さらに、警察がその管轄地域を超えたデータにアクセスできないこと、申請した特定事件の捜査における使用に限定されることを規定として加えている。銃の追跡調査は警察の管轄地域を超え、他州にまたがることが多い。警察同士がデータをシェアすることは許されるが、

ＡＴＦは、他州を含めたデータを一括して提供することは許されていない。これは犯罪捜査を遅らせる以外の何物でもない。

取締りや銃規制派の立場から考えると、州警察や郡・市の保安官は小火器の違法販売を摘発するために、ＦＢＩのデータを必要としている。特定の事件の捜査以外にデータを提供しないだけでなく、提供されたデータを、その事件以外の目的であるにせよ、その事件から違法販売の一般的なパターンを抽出し、そのパターンによって、ほかで行われた違法販売を摘発することさえ許さず、それを試みようとする現地の取締官に手錠をかける法案を可決することを、どのように考えればよいのだろうか。悪徳業者を守るために、それを摘発しようとする警官に手錠をかける法案を可決する議会については、説明のしようがない。

三　銃規制法が可決されない事情

なぜ連邦議会は、ガン・ライツを拡大する法案を可決できるのであろうか。なぜ銃規制法を可決できないのであろうか。とくに民主党が上下両院で多数派を占めていた第一一一議会（二〇〇九～一〇年）の具体例を使い、その事情を説明したい。

ワシントンＤＣの個人に銃器の保有・携行を認めた最高裁判決（「ＤＣ対ヘラー」、二〇〇八年）に後押しされ、ガン・ライツ派の団体は、同じく連邦の管轄下にある国立公園や鳥獣保護区における装填された銃の保有・携行を認める運動を再び連邦議会に持ち込んだ。教会、大学、職場など、ガン・ライツ派は銃を携行できる場所を拡大する運動をすすめている。

二〇〇九年五月、上院では国立公園や鳥獣保護区への訪問者に、許可証があれば、弾丸を装填した銃を隠しもつことを認める法案が可決された。これはブッシュ政権時に、連邦裁判官によって否定された政策の復活である。今回、トム・コバーン議員(Tom Coburn, R-Okla)が人気の高いクレジットカード改革法案への付加修正として提案した。上院多数派指導者ハリー・リード(Harry Reid, D-Nev)をはじめとする、二七人の民主党議員が賛成にまわり、同法案は九五対五の圧倒的多数で可決された。民主党を支持する銃規制団体や環境保護団体は連邦裁判所へ差し止め請求を表明し、オバマ政権も拒否権を示唆していたにもかかわらず、民主党議員の造反が成立を可能にしたのである。

下院では、二つの法案が別々に議決されている。クレジットカード法案については、三六一対六四と圧倒的多数で可決された。しかし銃法案については、二七九対一四七で可決された。賛成したのは共和党一七四、民主党一〇五、反対したのは共和党二、民主党一四五だった。別々に議決されたあと、統一されて、大統領のもとへ送られ、署名され、連邦法となった。

翌年二月、連邦政府は国立公園における銃規制を撤廃した。許可証をもつビジターは全国三九二の国立公園に銃を持ち込むことができるようになった。その結果、密猟の取締りが難しくなった。従来、国立公園管理者や森林警備隊は弾丸を装填した銃を持ち込むだけで密猟の嫌疑をかけることもできたが、同法の執行後は、現行犯以外に逮捕できなくなったからである。

いずれにしても、ガン・ロビーが両院に強力な影響力をもつことが証明された立法である。銃規制反対の共和党議員を動員し、加えて、上院の多数派指導者リードを含め、NRAの報復を恐れる臆病な民主党議員もこれに賛同した。下院議長のナンシー・ペロシ(Nancy Pelosi, D-Calif)もなすすべはなかった。またオバマ自身も三分の二を上回る議決に気おされ、ガン・ロビーの「一方的な命令」に従い法案に署名している。

多数派の民主党を押さえて、少数派の共和党が主導権を取り得た、第一一一議会の上院の事例をもう一つ紹介する。

二〇〇九年七月、上院で共和党ジョン・シューン(John Thune, R-SD)が毎年度の国防予算権限法案(Defense Authorization Bill)への付加条項として、ある州で銃器を隠し持つ許可証をもつ人に州境を越えて認める法案「ナショナル・ライト・トゥ・キャリー・レシプロシティ・アクト」(National Right-to-Carry Reciprocity Act)を提出した。当時、この隠匿銃の許可証を発行する州は四八あった。そのうち三五は特定の軽罪で有罪判決を受けた者には認めていない。また三一はアルコール中毒者に認めておらず、また安全講習を義務づけている。しかしアラスカ州は暴力的な軽罪を繰り返す人や性犯罪者にも許可証を発行している。したがって、シューン法案は規制の基準の厳しい州に緩い州の基準を受け入れさせることになり、合衆国全体から隠匿銃の規制を一挙に取り払うことになったかもしれないものだった。

民主党は全体として、これは合法的に銃を携帯している人とそうでない人の区別を難しくし、違法密売者にとっては逮捕されることなく州境を越えて武器を運輸しやすくなり、結果として、乱射事件を増加させる、公共安全への攻撃であるという意見を表明した。

しかし同法案の二一人の共同提案者には、マックス・ボーカス（Max Boucus, D-Mont）、ジョン・テスター（Jon Tester, D-Mont）、マーク・ビギッチ（Mark Begich, D-Alas）など、三人の民主党議員がふくまれていた。彼らはいずれもガン・ライツを支持する有権者の多いロッキー・マウンテンズの州やレッドステイトから選出された議員である。

また二〇一〇年の中間選挙で再選を控えた、上院多数派指導者ハリー・リード（D-Nev）はこの法案への賛成を表明した。エレーナ・ケイガンの最高裁裁判官指名に承認票を投じるなど、銃規制をすすめる民主党の方針を推進する面をみせると同時に、今回のシューン提案への賛成に加えて、二〇〇九年には、選挙区のネバダ州の砂漠に射撃練習場を作るため、連邦予算から六、一〇〇万ドルを用途指定するなど、ガン・ライツ支持派と良好な関係を崩さない。その結果、NRAからは、二〇〇四年の選挙では「セイフ・B」（safe B）の評価を受け当選した。二〇一〇年の選挙では、ＮＲＡから正式な支持を得ることはできなかったが、四千ドルの献金を受けるなど、正式な反対を受けることもなく、不利の予想を覆して再選を果たした。

他方、銃規制に賛成する有権者の多いイーストコーストやウェストコーストのブルーステイトから選出された民主党議員は、とくにチャールズ・シューマー（D-NY)やフランク・ローテンバーグ(Frank R. Lautenberg, D-NJ)を中心に反対を表明した。

結果は、五八対三九で、同法案の賛成派は、リードはじめ、二〇人の民主党議員の賛成を得たが、結局、フィリバスター（議事進行妨害）の阻止に必要な六〇票を集めることができなかった。逆に、リチャード・G・ルーガー(Richard G. Luger, R-Ind)とジョージ・V・ヴォイノヴィッチ(George V. Vonovich, R-Ohio)など、二人の共和党議員が三七人の民主党議員とともに反対に回ったからである。

このように上下両院ともに民主党が多数派であるにもかかわらず、少数派の共和党が銃規制について主導権を取り得た背景には、このところ増え続けた民主党議員の選挙区が西部、農村地域に多く、そこでは銃の保有・携行が「神聖にして侵すべからざる権利」とみなされているからである。第一一二議会(二〇一一〜一二年)以降、上下両院とも銃規制反対が多数派となり、銃規制をめざす法案はことごとくつぶされている。

銃の保有・携行にかんする規制は悲劇的な事件を経るたびに、大きくすすんでいるかのような印象があるとすれば、それはまったくの誤解である。確かに、一九六八年に銃規制法(Gun Control Act)が制定された。これは規制強化の流れを作る画期的な制定となった。またレーガン暗殺未遂事件(一九八一年)は、一四年後、購入前に犯罪歴チェックを義務づける「ブレイディ銃規制法」(一九九四年)につながった。

しかし一九九九年のコロンバイン高校事件から二〇一二年末のサンディ・フック小学校事件まで、悲劇的な乱射事件が起きているが、銃規制の強化が大きく進展することはなかった。二〇一一年初頭のトゥーソン乱射事件では、連邦下院議員に犠牲者が出たにもかかわらず、下院議員ピーター・T・キング(Peter T. King, R-NY)が連邦議員の一千フィート以内の銃の保有・携行を禁止する法案を唱え、自分さえよければよいというあり様だった。もっともワシントンDCは、違法の銃器による殺人事件の件数が全米一の都市である。

連邦議員のなかには、経営する農場をまわるさいに銃を携帯する、また街頭を歩くさいジャケットに銃をしのばせる議員がかなりいる。単に有権者の意向を代表しているだけでなく、自らガン・ライツを実践している議員も少なくないのである。ちなみにトゥーソン乱射事件(二〇一一年)で瀕死の重傷を負った連邦下院議員ガブリエル・ギフォーズ(D-Ari)もまた、皮肉なことに、犯人が使用したのと同じタイプ銃を保有・携行していた。

連邦議会のなかにも、本書の大きな問いに対する答えを見つけることができる。連邦議会では、銃規制を支持する民主党が多数派を占めたとしても、レッドステイト選出や農村選出の議員の造反や、共和党議員のフィリバスターにより、銃規制法の成立は難しく、成立しても必ず抜け道がある。そのため銃規制は一向にすすまず、どちらかといえばガン・ライツを拡大してきた。その結果、危険人物や悪徳業者を野放しにしているだけでなく、ATFや警察をはじめ、連邦や州の法執行機関の取締りや捜査を妨げているのである。銃の問題は、犯罪防止のために規制をすすめる問題であると同時に、ガン・ライツを守る問題でもある。

それでは次に、連邦議会による立法を実践する立場にある、大統領と行政について、とくにオバマ政権とその取締り機関を中心にみていこう。

第八章

大統領と行政による取締り

一 大統領と行政の役割

合衆国憲法によると、大統領は連邦議会が決める予算や法を執行する機関の責任者である。立法の権限はないが、年頭の一般教書演説、拒否権の示唆や行使、また大統領令により、連邦議会の立法に影響を及ぼし、その実施を強弱で加減することができる。その意味で、連邦法の単なる執行者ではない。さらに連邦議会を招集し特別会期を開く権限もある。ほかにも、条約を締結するなど優先的な外交の権限、行政府の高官や連邦裁判官を指名する権限、そして大統領恩赦を出す権限がある。しかし修正第二二条により、その任期は二期八年に制限されている。二期目の後半は、とくに大統領選挙の季節になると、どの大統領も軽視されがちである。

大統領の横暴を許さないため、合衆国憲法は統治の権限を三権に分割し、チェック・アンド・バランスの仕組みをめぐらせていることは、すでに述べた通りである。したがってとくに「ねじれ政府」において連邦議会と衝突するさい、大統領は指導力、説得力、かけひき、そしてロビー力を問われることになる。

制度上、大統領の仕事は多岐にわたるため、一九三〇年、連邦議会はルーズベルト大統領に大統領府の設立を認めた。それ以来、大統領の職務を遂行する、正式な組織として、規模と機能を拡大し、今日、五つの諮問会議、一〇の事務局、二つの委員会、二つの大統領官邸、一、八〇〇人の職員、四〇〇億円近い予算をもつ。事務局の最大のものが、行政管理予算局(The Office of Management and Budget, OMB)とホワイトハウス事務局(White House Office)である。

行政管理予算局は行政府の省や機関の間で政策や予算を調整する機能を果たす。また新法の提案、現行法についての意見、議会内の委員会における証言は、すべて、予算局で大統領の目的に適うように審査される。いわば制度としての大統領といってよい。他方、ホワイトハウス事務局は大統領個人に仕える。四〇〇人のスタッフに加え、行政府の省や機関から一五〇人ほど出向させ、特別任務に就かせている。とくに大恐慌以降、ルーズベルトのニュー・ディール、ケネディのニュー・フロンティア、ジョンソンのグレイト・ソサイエティ、ジョージ・W・ブッシュのオーナーシップ・ソサイエティなど、大統領は包括的な立法プログラムを掲げる傾向にある。

策定や実施には、それ相応のスタッフ数が必要となる。

他方、行政府は省や機関を中心とした官僚機構であり、市民に仕えるために存在する。公務員はおよそ二七〇万人、現役の兵士は一〇〇万人を超える。

行政府は多くの組織からなり、その数は一〇〇〇を超える。第一のレベルは省(Department)と機関(Agency)である。その下に、事務局(Bureau)、局(Office)、部(Service)など、あるいは規制委員会や公社など、さまざまな単位名の組織があるが、その単位の名称によって、レベルや権限を判断するのは難しい。もともとそのときの政治プロセスによって、成り行きで決まる場合が多い。しかし一般的に、その管轄権はきわめて限定的である。

省は主要な単位で、一五くらいあるが、数は決まっていない。機関(または局)の機能は一般に省より小さい。たとえば食品医薬品局(ＦＤＡ)は保健福祉省のなかにあり、連邦警察(ＦＢＩ)やＡＴＦは司法省のなかにある。独立した機関もある。

大統領行政府のトップレベルの要職は、ほとんどすべて、政治任用によって決まる。彼らは、短期間(平均二年)、政府に勤務する民間出身の人たちで、閣僚会議のメンバーとなる省の長官や上級職員、独立した機関の長官、連邦規制委員会のメンバーなど、すべて大統領が指名し上院が承認する役職である。大統領行政府の最重要職を民間から引き出す方法は、アメリカ独自のものといってよい。ただし、とくに規制委員会のメンバーなどは、大統領選挙における献金など、論功によって任命されることが多い。そのため指導能力や実務経験が乏しい場合もある。最近では、その指名と承認のプロセス自体が主要な政策論争の一部となっている。また任期終了後、彼らが務めた役職と関係の深い民間企業やロビー事務局に移る「回転ドア」政治も問題となっている。日本でいう「天下り」の問題である。

一般に、連邦政府の機関は連邦議会の委員会によって監視されている。たとえば大規模な食品汚染、オイル流出による環境破壊、欠陥による自動車事故、悲惨な銃撃事件が起きると、調査権をもつ連邦議会は担当の議会内委員会を中心に、調査委員会を設け、関連の企業や取締り機関の対応について、調査やヒアリングを行い、その結果に基づいて、規制強化のための法改正を検討する。そのさい水面下で、連邦議会は業界団体や消費者団体から圧力を受けながら、両者の利益を調整する。そのため、改善案が骨抜きにされることもある。

二　無力な大統領と制限される取締り機関

一般に民主党政権は銃規制をすすめようとする。しかし共和党政権と比べての相対的な話であり、民主党政権といえども、銃規制をすすめることができない。政権時にもっとも多くの乱射による大量殺人事件を経験した民主党オバマ政権も例外ではない。

二〇〇八年、「常識ある銃規制」を公約として唱えてバラク・オバマは大統領に当選し、併せて上下両院で民主党が多数派の地位を獲得した。

にもかかわらず、最初に署名した銃関連法案はガン・ライツを拡大するものだった。すでに述べた通り、政権発足直後の二〇〇九年二月、オバマ政権は前ブッシュ政権が制定した、国立公園や鳥獣保護区において弾丸を装填した銃を隠し持つことを認める連邦法案に署名した。またティアフート修正について、オバマ政権の予算は議会方針に追従し、同修正を無傷のまま踏襲した。かつて上院議員のときから、とくに選挙公約のなかで、反対してきたものである。

さらに、オバマ政権の予算には、犯罪に使われた銃や銃密売について、ATF（アルコール・タバコ・火器・爆発物取締局）から得た情報を、警察その他の法執行機関が開示することを禁止する、新たな規定が盛り込まれていた。

このようにオバマ政権の一年目は銃規制問題に触れなかっただけでなく、むしろガン・ライツを拡張したといってよい。「ブレイディ・キャンペーン」など、銃規制支持派の団体からも、オバマはFと評価された。

また二〇一一年初頭の一般教書演説のさい、トゥーソン乱射事件の直後だったにもかかわらず、銃規制について実質的な発言を避けた。翌年に大統領選挙を控え、中西部や南部の農村地域の浮動票を失うことを恐れてのことだという。クリントン政権は一九九四年の選挙の敗北の一因として、「クリントン・ガン・バン」をあげている。また二〇〇〇年の大統領選挙で、当時副大統領だったアル・ゴアが出身州のテネシー州で負けたのは、彼が銃規制強化を指示したからだという認識が広まり、民主党はこのイシューについて完全に腰が引けていた。

そのあと、オバマ大統領はホワイトハウス報道官ジェイ・カーニー（Jay Carney）を通して、ガン・ライツ派と銃規制派の両陣営の、それぞれの代表者を招いて、銃犯罪を減らすための立法について「共通の土俵」を見つけ、司法省との会合をもつことを提案した。当時のニューヨーク市長マイケル・ブルームバーグ率いる銃規制派の団体「メイヤーズ・アゲインスト・イリーガル・ガンズ」は招待に応じたが、ガン・ライツ派の最強の団体ＮＲＡ（全米ライフル協会）は招待を拒否した。ＮＲＡの副会長ウェイン・ラピエール（Wayne LaPierre）は、「二〇一二年の大統領選挙が終わるまで、煙に巻こうとしている」と、オバマ政権を批判した。

銃規制をすすめた例がまったくないわけではない。二〇一一年、七月中旬、ホワイトハウスは、南部のボーダー・ステイトのディーラーに半自動ライフルの複数購入について、報告を義務づけた。ＮＲＡやその影響を受けた共和党議員がずっと反対してきたが、この規則は即刻施行されることになった。五日以内に同一人物が着脱式のマガジンに対応した、二二口径を超える、半自動ライフルを二丁以上購入した場合、ディーラーはそれを当局に報告しなければならない。副司法長官ジェイムズ・コール（James Cole）は、この規則により武器密売の組織に対するＡＴＦの捜査や対応を期待しているが、ささやかな前進にすぎない。

またオバマの在任中、サンディ・フック小学校事件(二〇一二年)をはじめ、大量殺人を伴う銃撃事件が頻発した。そのさい、オバマは大統領執務室から、哀悼の意をテレビで放送するなど、「モーナー・イン・チーフ」の役割を果たしている。また現地を訪れ、遺族を慰問している。その後連邦議会に銃規制に取り組むよう働きかけている。

しかしサンディ・フック小学校事件のさい民主党議員を通して提案した彼の改善案は、上院でことごとく否決されただけではない。ガン・ライツ派からは事件を政治的に利用する姿勢だと批判されている。アンプクワ・コミュニティ・カレッジ事件(二〇一五年、オレゴン州)のあと、現地訪問のさい、銃規制を唱えるオバマは住民の一部から「帰れコール」で迎えられたこともある[WP: Oct 9, 15]。

そしてサンバーナディノ事件(二〇一五年)の直後、ホワイトハウスのイーストルームから三度目の「大統領演説」を放送し、違法行為を繰り返すディーラーの摘発を誓った。怒りと悲しさのあまり見せた涙は感動的だったが、自身は移民問題で使った大統領令を職権乱用で取り沙汰されるさなか、それ以上のことはできなかった。二〇一六年一月最後の一般教書演説でも、銃規制にほとんど触れず、二月の時点で、スタッフの任命など、具体策は何も講じていない[NYT: Feb 7, 16]。

他方、皮肉なオバマ効果がある。ガン・ロビーは数百万ドル使い、オバマが銃器を押収するなど、ガン・ライツ支持者の恐怖心をあおるようなキャンペーンをしていたこともあり、ガン・ライツ派や銃の愛好家たちは銃規制の強化を恐れ、買いだめに走ったといわれている(グラフ8参照、九三頁)。そのため射撃練習場、銃販売店、弾丸製造工場がフル稼働したという。

FBIの犯罪歴チェックシステム(National Instant Criminal Background Check System)によると、二〇〇八年の前半(一月から六月)に、銃の購入に伴うチェックが六一〇万回あったという。これは前年比の二六%増にあたる。またNRAによると、アメリカ人による弾丸の年間購入は、例年、七〇億発だったが、二〇〇八年には九〇億発に増えているという。

高い失業率、住宅差し押さえなど、景気後退の時期だったにもかかわらず、銃産業にとっては、一種のバブルの年となった。二〇〇九年度の国内総売り上げはおよそ三〇億ドルになったという。財務省によると、二〇〇九年には、銃による税収が四二%上がり、弾丸による税収が四九%上がり、これまでの記録をぬりかえるペースであった。皮肉なオバマ効果である。

ちなみに、二〇一二年の大統領選挙の前に、小売りのカベラ社はオバマの再選を見越して、銃の在庫を増やしていた。当選後じっさいに、サンディ・フック小学校事件が起き、結果として同社の先行投資は成功している[NYT: Dec 3, 15]。

結局、オバマは銃規制をいっさいすすめず、銃の売り上げに貢献しただけの、ガン・ライツ派の大統領だったとみなされるだろう。

次に取締り機関の動きをみておこう。連邦政府の司法省のATF（アルコール・タバコ・火器・爆発物取締局）は、連邦法により認可された銃販売業者を監督し、メキシコへの密売を阻止するなど、連邦の銃規制法を実施する、主要な連邦監視機関である。ほとんどの州で、ガン・ディーラーを監視しているのは、地元警察ではなく、ATFである。

とくに六〇年代の暗殺事件、大都市における銃犯罪の増加により、銃規制を求める世論の高まりに応えて、一九七二年、ニクソンは大統領令によりATFを内国歳入庁（Internal Revenue Service, 通称IRS）から財務省に移し、大都市の銃犯罪の取締りを強化した。ちなみに二〇〇一年、9・11事件のあと、ジョージ・W・ブッシュは大統領令により、ATFを財務省から司法省に移し、現在の名称に変えている。

連邦議会には政府機関を監視する義務がある。すでに述べた通り、連邦議会の立法は、銃の違法な所有や取引を取締ることより、取締りの行き過ぎが個人やディーラーの権利を侵害しないように、ATFの取締りを「弱体化」するものだった。確かにガン・ライツ派からみれば、これは連邦議会が「機能した」成果であるが、その弊害はあまりにも大きい。

第一に、ガン・ライツ派にコントロールされた連邦議会が十分な予算を認めない。主要な法執行機関について、近年の予算や歳出の法案を比べてみると、連邦議会が課す制限の項目は、F

BIやDEA(麻薬取締局)に対する制限より、はるかに多い。

しかしATFでは、十分な予算がないため、人員不足が常態化している。財務省に移管された一九七二年、その人員は二、五〇〇人だった。ちなみにFBIは八、七〇〇人、DEAは一、五〇〇人、連邦警察庁(U.S. Marshals Service)は一、九〇〇人だった。二〇一〇年の時点で、FBIは一三、〇〇〇人、DEAは五、〇〇〇人、連邦警察庁は三、三〇〇人に増えたが、ATFは依然として二、五〇〇人のままである。

そのうち銃器の追跡調査に専従する捜査官はおよそ六〇〇人いるが、この人数で全国七万八千のディーラー、加えて五万五千のコレクターを監視するのは無理な話である。二〇一〇年、一万五百回の法令順守調査(compliance inspection)が実施されている。法的には年一回の査察が認められているが、ディーラーが検査を受けるのは、平均して、八年に一回である。

第二に、二〇〇六年、ブッシュ政権の長官カール・J・トラスコット(Carl J. Truscott)が不祥事で辞任したあと、連邦議会はATFの長官についても、上院の承認人事に変更し、その地位をFBIやDEAの長官と同等に格上げした。そのためNARなど、連邦議会に影響力をもつ銃規制に反対するガン・ロビーが、長官の指名・承認プロセスに影響する道が開けた。

じっさい、上院議会では長官候補の承認人事はすべてNRAに近い議員によってブロックされ、二〇一三年七月、B・トッド・ジョーンズ(B. Todd Jones)が就任するまで、正規の長官を頂くことはなかった。その間、ブッシュ政権もオバマ政権も、長官代理の任命でしのぐしかなく、連邦下院で共和党が多数派を占める時代に、予算交渉など、長官不在の連邦機関には大きなハンディを背負ったのである。

第三に、ＡＴＦ内部の事務作業や捜査の効率化も妨げられている。たとえば銃の所有に関する全国リストだけでなく、それにつながるデータの作成を禁止されている。したがって、コンピューターによる検索可能なデータベース化も許されていない。

ウェストバージニア州の全国追跡センター（National Tracing Center）は、銃の販売を追跡する、唯一の認可された連邦政府組織である。そこでＡＴＦのスタッフが銃販売のデータを調べているが、彼らの業務はすべて手作業である。

スタッフは全国のディーラーからトラックで輸送されてくる、段ボール箱に詰め込まれた書類「フォーム四四七三」(Form 4473)を倉庫に運び込み、目を通し、必要に応じて、ディーラーに電話で情報を確認する。ちなみに業者側もこの書類の保管を義務づけられている。ほとんどの書類は、インクがにじみ黄色くなった検索カード、使い古したボロボロの帳簿であり、鉛筆の跡は薄くなっている。しかも手書きは判読が難しい。

こうした状況では、犯行現場で押収された銃の情報を求めてくる、年間三〇万件の警察からの問い合わせに対応できない。緊急の場合、「フォーム四四七三」を探すより、電話で直接業者に確認する方法をとる。銃の種類、モデル、製造番号から製造業者を割り出したあと、流通チェーンをたどって突き止めた小売業者に、最初の購入者を問いただすのである。

　この追跡調査がうまくいくかどうかは、業者の記録の保管にかかっている。しかし調査の三分の一は、すでに廃業した業者に行き着く。廃業する業者も一応販売の記録を報告するが、彼らから届く段ボール箱もまた、毎月数千に上り、未整理のまま山積みにされていくという。

　第四に、ディーラーのライセンス取り消しが難しい。違反を繰り返す業者や重大な違反を犯す業者に対して、ＡＴＦは警告を発する。また重大な問題がある場合には、認可を取り消すこともある。平均して毎年、一一〇件の取り消しがある。ＡＴＦの警告に対し、業者が自発的に認可を取り下げるケースも一六〇件ある。しかしこれらを合わせても、業者のうちの一％に満たない。そのうち刑事告訴されるものは一五件ほどにすぎない。詳しい書類の用意、上層部の承認など、正式な捜査を開始するためのハードルがかなり高いためである。

　ライセンスを取り消すプロセスは何年もかかる。告知を受けたディーラーは一五日以内に異議申し立てを申請できる。その申し立てを審査し、最終的な決定を下すまで、さらに半年から一年かかる。取り消しの最終決定が告知されてから六〇日間、ディーラーは連邦地方裁判所に提訴できる。そのあと裁判が始まる。途中で訴訟を取り下げることもあるが、判決が出るまで、ディーラーは営業を継続できる。

ＡＴＦがライセンスの取り消しをすすめようとした途端に、親族、同僚、あるいは新たに設立した法人に、ライセンスを申請させ、ビジネスを続けるケースが増えているという。確かに法的に保障された権利ではあるが、このようなライセンスの申請を拒否することも、ライセンスの取り消しの場合と同じくらい、あるいはそれ以上に、難しい。経営者の名目上の変更以外に実質的な変更がない場合だけ、「持分の隠蔽」(hidden ownership)として却下される。

いずれにせよ継続されたビジネスには、常に、再犯のリスクがつきまとう。ＡＴＦによると、ライセンスを取り消された後、再発行により営業を継続する店舗のうち、新たに違反を摘発されるケースは三分の一に上り、そのうち四分の一には重大な違反がみられるという。

またＡＴＦがかかえる問題の一つに、銃の「紛失」がある。二〇〇五年から二〇一〇年の間の三八四七回の検査で、一一三、六四二丁の銃が見つからなかった。そのなかには帳簿に載らない取り引きが多くふくまれていると思われる。業者には、在庫点検をおこなう法的義務はない。ティアフート修正により、連邦議会は業者に定期的な在庫点検とその報告を義務づけることをＡＴＦに禁止した。そもそも在庫点検はビジネスの基本である。しかしＮＲＡによると、在庫点検は費用がかさみ、その分、銃価格に上乗せされ、消費者負担となるという。

またブレイディ・センター(Brady Center to Prevent Gun Violence)が二〇一一年一月に発表した調査によると、二〇〇八年から二〇一〇年の三年間に、販売許可証をもつディーラーの在庫から紛失した銃の数は六万二千を超えるという。一日平均五六丁が紛失したことになる。同センターによれば、連邦の銃規制が弱く、ガン・ディーラーの無責任もあり、数万の武器が犯罪歴チェックや販売記録なしで巷に流出しているという。犯罪者が欲しがるのはまさにこの種の銃である。なぜなら足がつかないからである。

ディーラー調査の結果を公表できないATFに代わって、同センターがATFのデータをとりまとめている。ただし、ATFが毎年調査するディーラーの数は全体の二〇%にしかならないので、紛失の実態を示す正確な統計はない。

三 密売と失敗するおとり捜査

こうした逆境のなかでATFは銃器の違法な所有や販売を取締るために、リスクの大きい捜査法に頼ることもある。メキシコ系麻薬カルテルへの密売に対する捜査はその典型である。

密売はボーダー・ステイトに多い。密売業者はディーラーに前払いしておいて、犯罪歴のないアメリカ人をリスト化する。彼らは、シングル・マザー、失業者など、貧困を抱える人たちであり、たいてい借金を抱えている人たちか、麻薬組織に脅されている人たちである。彼らにディーラーをまわらせ、AK-47やAR-15ライフル(マシンガンへの改造可能)や.50 caliberライフル（防弾ガラスを打ち抜く）や防弾チョッキを打ち抜くベルギー製の銃を買わせる。別々の店で、必要書類に記入させ、一度に二、三丁ずつ買わせ、時価にして一〇万ドル相当、数にして百丁ほど買い集めたところで、車のドア・パネルやスペアー・タイヤやフード（ボンネット）のなかに隠して、車やトラックで国境を越えさせる。一丁につき百ドルになる。もちろんガン・ショーで当局への報告義務のない個人から購入されたものもある。

このように武器の調達は、大手のディーラーやカルテルによる組織的なものではない。この「ホルミガス（スペイン語でアリ）の行列」と呼ばれる人たちは捜査網にかからないため、発見が難しく、彼らを逮捕しても、販売したディーラーが告訴されることはまれである。

しかも拳銃とちがい、ショットガンやライフルなど、いわゆるロング・ガンは、犯罪で使わることが少ないという理由から、ATFへの報告が法的に免除されている。複数購入についても数の制限もなければ報告の義務もない。これらの法的抜け道を使い、ロング・ガンはむしろ密売のターゲットとなっている。メキシコの犯罪現場で押収されるその割合は二〇〇四年の二〇％から、二〇〇九年の四八％へと増えていると、司法省監察官の報告書は指摘している。

ATFによると、二〇〇九年から二〇一〇年にかけて、メキシコで押収され、ATFの追跡調査を受けた小火器は二九、二八四丁である。そのうち、七割にあたる二〇、五〇四丁はアメリカ製またはアメリカ経由のものであるという。

こうした事態を解決するため、ＡＴＦは「ファースト・アンド・フュアリアス」(Fast and Furious)と呼ばれるおとり捜査を実施したのである。その経緯は以下の通りである。

二〇〇九年一一月、ボーダー・ステイトの一つ、アリゾナ州のＡＴＦ支部長ビル・ネウェル(Bill Newell)はＦＢＩ、ＤＥＡ、ＡＴＦ、連邦地方検事など、司法省の高官レベルの意向を受けて、密売組織そのものを摘発する作戦を検討した。

身代り購入者を逮捕しても、その罪は軽く、ＡＴＦにとって大きな手柄とはならない。また密売組織はすぐに代りを見つけるだろう。したがってすぐに捕まえずに、身代り購入者や仲介者を泳がせ、彼らの会話を盗聴し、密売組織をつきとめ、共同謀議、麻薬密売、資金洗浄などの重罪で彼らを起訴する。この「ガン・ウォーキング」作戦により、数万に上るアメリカからメキシコへの銃器の流出を完全に止めようと考えたのである。

麻薬密売捜査において、捜査官は麻薬を「歩かせる」ことは法によって禁止されている。他方、銃の密売については、銃販売自体は合法であるため、なんらかの理由がない限り、現場に踏み込み銃の販売を阻止する必要はない。

「ガン・ウォーキング」作戦はＡＴＦの規則のもとで認められ、フェニックス地区連邦検事デニス・バーク(Dennis K. Burke)による法的な支援を得て、さらにＡＴＦの親組織である司法省の特別委員会により認可され資金提供されることになった。ネウェルをリーダーとして、おとり捜査のための特別捜査チーム「グループ7」が結成され、動きの活発な容疑者を監視することになった。

しかし二〇一〇年一二月中旬、国境警備隊員ブライアン・テリー（Brian Terry）がアリゾナ砂漠のペック・キャニオンをパトロール中に、不法移民と銃撃戦になり、射殺された。メキシコ国境から一一マイルの現場は不法移民や彼らを待ち伏せる盗賊たちの温床だった。ＦＢＩが逮捕した四人から押収した突撃用ライフル二丁は「ファースト・アンド・フュアリアス」の容疑者が一年前に購入したものと製造番号が一致した。さらに、ＩＣＥ（入国管理・税関取締局）の捜査員ジャイメ・ザパタ（Jaime Zapata）が移動中に射殺された。犯行に使われた銃を追跡調査したところ、テキサス州で逮捕された三人の容疑者にたどりついたが、彼らもまた以前からＡＴＦやＤＥＡの容疑者リストに入っていた。

射殺との因果関係は特定されなかったものの、これらの「歩かせた」銃や泳がせた容疑者による犯行の可能性が高かった。現場チームの一人ジョン・ドッドソン（John Dodson）はＡＴＦ本部に内部告発したが、無視されたため、上院司法委員会のランキング・メンバー、チャールズ・グラスリー（Charles Grassley, R-Iowa）に訴えた。現場には最初からおとり捜査への不満があった。

二〇一一年三月末、グラスリーの要請で、連邦議会は調査権を発動し、ＡＴＦによる「ガン・ウォーキング」作戦を調査することになった。グラスリーは、下院監視・政府改革委員会の委員長ダレル・アイサ(Darrel Issa, R-Calif)とともに、まず六月中旬、報告書を作成・公表し、「ガン・ウォーキング」を「無謀」な作戦だと非難した。また報告書には、一週間に一〇件を超える、身代り購入を目の前で見逃すことに耐えられなかったことや「そのうち死人が出る」という不安など、フェニックスATF支部捜査官の赤裸々な証言がふくまれていた。

二〇一一年六月から七月にかけて下院、上院のそれぞれの委員会は公聴会を数回開いている。公聴会では、共和党側はATFによる無謀な捜査とそれを許可した司法省幹部さらにはオバマ政権の銃政策の失敗を追及しようとした。他方、民主党側はメキシコへの流出の原因を国内の銃規制の不備に求めた。

確かに、事件の究明が公聴会の目的だったが、共和党側はATF職員を召喚し詰問することで、司法省上層部のどこまでがこの捜査を把握し許可したかを突き止め、オバマ政権にダメージを与えようとしたのである。しかしその追及が及んだのは、作戦の進捗状況について毎週報告を受けていたATF長官代理ケネス・F・メルソン(Kenneth E. Melson)と副長官代理ウィリアム・J・フーバー(William J. Hoover)までで、司法長官や大統領にはいたらなかった。

二〇一一年八月末、司法省は担当者に責任を取らせる形で、ATF長官代理の更迭とフェニックス地区連邦検事の辞職という人事異動を発表した。ATF長官代理のメルソンは同省本部のオフィス・オブ・リーガル・ポリシーの科学捜査の上級顧問となった。明らかに閑職への降格である。ちなみに後任に決まったB・トッド・ジョーンズ(B. Todd Jones, 当時五四歳)はミネソタ地区連邦検察官で、黒人として初めてそのポジションについた人物である。その後二〇一三年七月、上院議会の承認を得て、正式な長官に就任している。ほかにも「ファースト…」を許可したフェニックス地区連邦検事バークは引責辞任させられた。またフェニックスATF支部長ネウェルは配置転換されている。

このように連邦議会による事件の捜査は、政治的に利用されただけで、その根本的解決の方法が審議されることはついになかった。

最後に、テラー・ギャップについて触れておきたい。9・11以降、取締局や銃規制派の団体は、テロリストによる銃器購入の可能性を指摘していた。二〇〇九年六月、政府監査院(Government Accountability Office)の報告によると、二〇〇四年二月から二〇〇九年二月にかけて、FBIの「テロリスト監視リスト」に載る人物から、連邦の犯罪歴チェックシステムを通して、小火器購入の要請が九六三件あった。その九割にあたる、八六五件がFBIによる三日間の検査をすり抜け、購入に成功した。失敗した一割には重罪、不法移民、薬物法違反などの前歴があったという。

この時点で連邦法により銃の購入を禁止されているのは、重罪で有罪となった者、不法移民、精神病患者などであり、テロリズムの容疑者はふくまれていなかった。じっさい、二〇一〇年のニューヨークのタイムズ・スクエア爆破未遂事件の犯人ファイザル・シャーザド(Faisal Shahzad)は、ライフル(Kel-Tech Suh Rifle 2000)と爆薬を合法的に入手している。

またFBIは「リスト」の氏名を公表することができない。前司法長官ジョン・アシュクロフトはFBIが9・11事件の捜査の一環として拘留された容疑者のリストと連邦の銃購入記録を照合することを拒否したこともある。なぜなら連邦の犯罪歴チェックシステムを始めた「ブレイディ銃規制法」が、連邦の情報を他の法執行目的に使うことを禁じていたからである。そもそも現行法では、前歴のない人による銃の購入については、プライバシーの権利によって、二四時間後に、その記録が抹消されることになっている。

他方、FBIの「テロリスト監視リスト」には二万四千の名前があるが、古い情報や間違った情報がふくまれているという。したがって、NRAをはじめとする、ガン・ライツ派の人たちは、信頼性の低いリストをもとに銃の購入を拒否することはできないと主張する。

このようにアメリカの連邦法は多様な方法で取締りを妨害している。確かに一方では、監視リストに掲載されれば、飛行機に搭乗できないしビザを申請できない。またテロリストの容疑者には「ミランダ警告」を読み上げる前に尋問する、あるいは電話の盗聴や拷問を認めるなど、テロリストに対する人権を制限する傾向が強い。しかし銃を購入する権利だけは制限されていない。

ここに、本書の大きな問いに対する答えがある。大統領と取締り機関の、どちらも銃規制を積極的に実施することができない。大統領の場合、立法権がないため、乱射事件のたびに、自党の議員を通して銃規制法案を提案するが、連邦議会によってことごとく廃案にされてしまう。結局、大統領には「モーナー・イン・チーフ」以外に出番がない。また取締り機関の場合、捜査妨害に等しい連邦法により、予算や人員だけでなく、捜査力そのものを削がれている。ガン・ライツ派にとっては、これこそ理想的な状態である。たとえ銃による犯罪が増えたとしても、取締りによって個人の権利やディーラー権利が侵害されることがないからである。

それでは連邦政府を構成する最後の組織、連邦最高裁判所による修正第二条の解釈を、その判決を通してみていこう。

第九章

連邦裁判所と最高裁判決

一 連邦裁判所の役割

連邦議会の立法や連邦行政によるその実施については、銃規制にせよその緩和にせよ、連邦裁判所が合衆国憲法修正第二条に基づいて、合憲・違憲の判定を下す。違憲判決を受けた法律は、州法や郡・市の条例をふくめ、原則として廃止される。少数派の主張は、議会や首長の選挙で負けたとしても、裁判という、数の影響が少ない、「敗者復活戦」に望みを託すことができる。それでは、連邦裁判所、とくに連邦最高裁がこれまで下してきた判決をみていこう。

合衆国憲法第三条が定める司法の運営方針をみていくと、まず、連邦裁判所は三審制をとる。裁判は一般に、地方裁判所から始まる。地裁は各州とワシントンＤＣに少なくとも一つある。その判決に対する不服は、その地裁が管轄される連邦控訴裁判所に上訴される。連邦控訴裁は合衆国を一二に分けた地区にそれぞれ一つずつと、ワシントンDCに一つ、併せて一二ある。ちなみに控訴裁の裁判官の数は一七九人である。

連邦控訴裁の判決に対する不服は、連邦最高裁判所に上訴される。ただし取り上げるかどうかは、連邦最高裁が決める。最高裁は連邦法やその執行について、九人の裁判官の多数決によって最終的な審判を下すが、この「違憲立法審査権」自体は憲法に明記されているわけではない。最高裁は年度平均七五ケースしか判決を出さない。その意味では控訴裁判決は重要である。しかも控訴裁が出す判決は年間数千に上る。ちなみに、最高裁の判決が正しい判断として受け入れられるのは、訴訟者にとって最後の判断となるからである[WP: May 29, 14]。

制度的に最終判断とされているため、最高裁判決はイシューの判断基準を確定し全国化してしまう。リチャード・ポスナー（Richard A. Posner）によれば、そのため、地域に応じた判断基準を政治プロセスによって作り出す可能性を摘み取り、地域に干渉しすぎてしまうきらいがある。イシューによっては、統一された全国基準よりも、地域の実情に応じて、全国的な方向が定まるまで、異なる基準が必要とされる期間もあるかもしれない。

また最高裁の判決は、必ずしも正しいものではない。自ら覆すこともある。じっさいリチャード・J・ラザラスによると、判決そのものの変更にはいたらないが、事実の説明や法的推論に、公表することなく、「実質的な変更」を加えているという[Lazarus, 2014]。

連邦裁判官の指名権をもつのは大統領である。ただし連邦上院議会の助言と同意が必要とされる。当然ながら、大統領はイデオロギーや政策を共有できる人物を指名しようとするが、じっさいにはなかなか思い通りにいかない。

たとえば連邦地裁の裁判官について、大統領は候補者を指名する前に、その地裁の州選出の上院議員に打診する慣行、「上院の礼譲」がある。このように実質的に地元選出の上院議員が決めるため、大統領の党派性にかかわりなく、保守的な州では保守的な裁判官が任命され、リベラルな州ではリベラルな裁判官が任命される。結果として、同じ問題であっても、判決は州のイデオロギー性を反映するだけでなく、州によって異なることになる。

他方、連邦控訴裁や連邦最高裁の裁判官の任命については、大統領の党派性が大きく影響するが、単純には決まらない。

連邦控訴裁の場合、一一の地区にはそれぞれ、すでに決まった保守、リベラルの政治色がある。たとえば第二控訴裁（ニューヨーク）や第九控訴裁（サンフランシスコ）などのようにリベラルな地区もあれば、第五控訴裁（ニューオリンズ）などのように保守的な地区もある。この政治色を変えない指名、つまり多数派と少数派の関係を変えない指名である限り、そのプロセスは比較的スムーズにすすむ。結果として、控訴裁の判決はその控訴裁が管轄する地域にしか適用されない。

したがって同じ問題であっても地域によって、判決が異なり、一時的に国内に不平等が生じ、連邦最高裁が決着をつけなければならないこともある。

ワシントンDC連邦控訴裁の裁判官の指名については、大統領はとくに慎重を期す必要がある。そもそも同控訴裁は、政権の政策問題や連邦法を扱うことが他の控訴裁より多く、さらに、連邦最高裁の裁判官を輩出するエリートコースでもあるため、その任命は両党にとってきわめて重要だからである。

連邦最高裁の裁判官についても、その任命プロセスがもつれるのは、その政治色が変わる可能性があるときである。九人の裁判官に任期はないが、自分が支持する政党の大統領に任命の機会を与えられるよう、裁判官は辞め時を慎重に決める。オバマ大統領はソニア・ソトマヨール（Sonia Sotomayor, 二〇〇九年）とエレーナ・ケイガン（Elena Kagan, 二〇一〇年）の任命を成功させたが、いずれもリベラルな裁判官の後任としてリベラルな裁判官を任命したにすぎず、五対四の保守・リベラルの構成は変わっていない。

ただし高齢の裁判官が複数いる場合、近い将来、引退などによる裁判官の入れ替えにより、このパワー・バランスが変わる可能性は高い。もしそれが変われば、避妊・中絶、「アファーマティブ・アクション」、移民、投票権など、重要なイシューの判決内容を大きく左右する。その意味でも、最高裁裁判官の指名権をもつ大統領の選挙は重要になる。

ＮＲＡなど、最高裁判決に利害をもつ利益団体は、「上院議会の助言と同意」に働きかけることで、最高裁や控訴裁の裁判官の任命に影響を及ぼそうとする。たとえば、ソトマヨールとケイガンはいずれも銃規制に賛成の立場をとっていたので、修正第二条が保障する銃の権利を狭く解釈する恐れがあった。そこでＮＲＡはオバマによるこの二名の指名を承認しないよう、上院に陳情書を提出したことがある。

三　二〇世紀の判決

連邦最高裁は最初のうち、修正第二条はむしろ州に適用されないと判断してきた。古くは、一八七六年の「合衆国対クルックシャンク」判決において、ＫＫＫのメンバーでもある、武装した白人の民兵が奴隷制から解放された黒人の共和党員の集会を襲撃し、百人以上を殺害し、逮捕された事件（一八七三年）について、集会の自由を保障する修正第一条や銃の保有・携行を保障する修正第二条は、州政府に適用されないと判断した。つまり、銃を保有・携行する権利が個人にも保障されるかどうかについて、連邦最高裁は自ら判断を下さず、州政府に任せたのである。ちなみに判断を任されたルイジアナ州政府は彼らを告訴せず、暴力など、奴隷解放後の黒人に対する抑圧は続いた。

一八八六年の「プレッサー対イリノイ州」訴訟において、連邦最高裁はさきの判決を再認した。武装市民がイリノイ州政府の許可なく訓練と行進をおこなったことにより受けた有罪判決について、修正第二条は州政府に適用されないことを再認し、同州最高裁による有罪判決を支持した。そのあと二〇世紀を通して、連邦最高裁はこの問題に立ち入ることがほとんどなかった。

次に、解釈上の第二の問題は、修正第二条は銃の保有・携行の権利を、民兵のような有事のさいに必要とされる「集団」にだけでなく、「個人」にも保障するのだろうか、というものである。これは、二〇世紀前半の組織犯罪と二〇世紀後半の一連の要人射殺事件を背景に浮上してきた問題である。

最高裁は「合衆国対ミラー」訴訟（一九三九年）において、当時の全国銃器法（一九二四年）を合憲と判断している。銃身を短く切り落としたショットガンを他州へ輸送した、ジャック・ミラーとフランク・レイトンは、同法違反で有罪判決を受けたが、同法が修正第二条に反すると主張し控訴した。しかし最高裁は彼らの有罪を支持した。ただし、その根拠はむしろ第一章第八条第三項の通商条項であった。彼らの主張そのものについては、判断を避け、短身のショットガンが「よく規律された民兵」の維持に必要かどうかを再検討するよう、下級裁判所に差し戻したのである。結果として、この判決は銃の種類を制限する可能性を示唆しただけで、修正第二条が保障する権利を個人に否定したわけではない。

また六〇年代には「ヘインズ対合衆国」訴訟(一九六八年)において、最高裁はさきの全国銃器法の一部である、登録義務の規定について、違憲判決を下している。ただし、その根拠は、修正第五条(刑事事件において、自己に不利益な供述を強制されない)であった。銃の登録のさいに過去の犯歴など、自己に不利な証言を要求するに等しいものと判断し、同法の一部改正を要求したのである。結果として、この判決も修正第二条と個人の権限とのかかわりについて、いっさい判断していない。

このように連邦法による銃規制の強化は、当然ながら、犯罪組織だけでなく、一般の「善良な市民」をも対象とし、修正第二条が保障する彼らの権利を侵害することになる。

その結果として成立する連邦法については、法名など表向きは規制にみえるとしても、必ず抜け道(loophole)があるか、さもなければ、規制のあとには、必ず緩和の連邦法が続き、規制と緩和は一進一退を繰り返す。二〇世紀を通して、規制と緩和が一進一退を繰り返すうちに、修正第二条の解釈に「集団の権利」か「個人の権利」かという問題があることが、対立の両側に明確に認識されるようになったのである。

他方この点について、憲法学者の解釈はどのようになっているのだろうか。

従来、民兵に銃の所有と携帯の権利を保障するという「集団の権利」説が優勢だった。確かに、最初のうちは、有事に備え武力をもった民兵を組織するために、市民が銃をあらかじめ用意するために所有するという、「集団の権利」としての解釈が主流だったが、最高裁は「個人の権利」について触れていない。

ただしそれは修正条項のテキストを慎重に検討した結果というより、むしろ、多くの人に受け入れられた社会通念あるいは政治志向として、一定のコンセンサスだという側面が強かった。最高裁判決もその問題に立ち入る判決を下すことを意識的に避けてきたきらいがある。

ところが三〇年度ほど前から、「個人の権利」としての解釈が台頭し始めた。とくにリベラルな憲法学者のなかに、「個人の権利」説をとり、一人ひとりの市民に銃の所有と携帯を保障すると解釈する研究者が現れ始めた。

「集団の権利」説のコンセンサスを崩す端緒となったのは、専門家によると、テキサス大学のサンフォード・レビンソン(Sanford Levinson)が『ザ・イェール・ロー・ジャーナル』誌に発表した論文「ジ・エンバラスィング・セカンド・アメンドメント」(The Embarrassing Second Amendment)(一九八九年)であるという。リベラル派の憲法解釈は、一般に、「権利章典」と呼ばれる、最初の一〇の修正条項を拡大解釈する傾向にある。修正第一条の言論の自由、修正第四条の犯罪事件の被告の保護などと同じように、修正第二条についても、広く解釈する傾向をもつ。しかし同時に、言論の自由を絶対視しないのと同じように、銃を保有・携行する個人の権利についても、しかるべき理由があれば、政府による制限が可能であると考える。レビンソンのほかに、イェール大学のアキール・リード、ハーバード大学のローレンス・トライブなどもこうした解釈を支持している。

三 個人の権利を確定した二一世紀初頭の判決

「DC対ヘラー」判決（二〇〇八年）

二〇〇七年三月、連邦ワシントンDC巡回控訴裁判所は「ヘラー対DC」訴訟に対し二対一で、DCの銃規制法を無効とする判決を下した。連邦司法センター（Federal Judicial Center）の警備員、ディック・ヘラー（Dick Heller）は職務中に銃の携帯を許可されていたが、自宅でも保有・携行したいと考え、DC法を告訴した。同法は、一九七六年以前の登録を除き、ハンドガンの所有をすべて禁止し、許可証がなければ同じ建物の部屋から部屋へ持ち歩くことさえ禁止し、さらに合法的に所有される銃についても、保管のさいには、弾丸を抜き解体しておくか、引金安全装置をかけておくなど、アメリカ国内でももっとも厳しいものだった。その理由は、ワシントンDCは銃犯罪が多発していたためである。

同法廷は修正第二条が個人の権利を保護すると判断し、州の民兵が保有・携行する集団的な権利だけを保護するという解釈に反対した。これは連邦裁判所による最初の画期的な判決だった。

ちなみにこの訴訟を仕掛けたのは、リバタリアニズムのシンク・タンク、ケイトー・インスティチュート(Cato Institute)である。同インスティチュートはまず、DC法に挑戦する原告にふさわしい人を探した。刑事訴訟の被告ではなく、法を守るDC市民を求め、六人をリクルートし、連邦DC巡回控訴裁判所に訴訟を申し立てた。しかし「当事者適格」(standing)が認められたのは、ヘラーだけだった。彼は連邦司法省ビルの警備員として、勤務中は銃を携帯しているにもかかわらず、自宅で銃を所有するライセンスを認められていなかった。

この時点で、修正第二条にかんする「個人の権利」説をとっていたのは、ルイジアナ、ミシシッピー、テキサス州を管轄する連邦第五巡回控訴裁判所(ニューオリンズ、二〇〇一年)だけだった。他の九ヵ所の連邦控訴裁判所は同説を否定している。また連邦第二巡回控訴裁判所(ニューヨーク)は、二〇〇七年五月の時点で、この問題を取り上げていない。連邦控訴裁判所による判決に矛盾が生じた場合、最高裁はその問題を取り上げ、決着をつける必要がある。

二〇〇八年三月中旬、上告を受けて、連邦最高裁で口頭弁論が開かれた。DC側を弁護するウォルター・デリンガー(Walter Dellinger)は、修正第二条の後段の"the people"は"the militia"を意味すると解釈し、民兵の「集団的権利」を主張した。

他方、ヘラーを弁護するアラン・グラ(Alan Gura)は、DC法は「極端」であり、「違憲の疑いのある法」に分類され、個人の基本的権利を否定しているので、DC政府はそれを禁止する「やむにやまれぬ利益」(impelling interest)があることを証明しなければならないと主張した。

同年六月、最高裁は五対四で、修正第二条は私用で銃を所有する個人の権利を保障すると判断した。これは、ワシントンDCの拳銃禁止法を覆すだけでなく、「集団的権利」説を否定し、「個人の権利」説を支持する、画期的な判決となった。

多数派はロバーツ長官(John G. Roberts, Jr.)、ケネディ(Anthony M. Kennedy)、トーマス(Clarence Thomas)、アリート(Samuel A. Alito. Jr.)、スカリーア(Anton Scalia)である。スカリーアが多数派意見を書いた。それによると、修正第二条は銃の所有・携行の権利を成文化した目的として、「民兵」(の廃止を防ぐこと)に言及しただけである。つまり、新生の連邦政府が、かつてのイギリス国王と同じように、人民から武器を取り上げようとすることを恐れた背景がある。しかし修正第二条が前半で述べた、この目的は「人民が武器を保有しまた携帯する権利は、これを侵してはならない」という後半の意味を制限すると解釈すべきではない。後半は個人が私用で銃を所有する権利を「既存の権利」を成文化したものだという。

これに対し、スティーブンス(John Parl Stevens)は少数派意見を書いた。修正第二条には、武器を使用する権利について、狩猟や自己防衛など、目的の記述がない。またミラー判決に対する多数派の理解はまちがっている。そして先達の定説に対する敬意を欠いているという。

またスカリーアは修正第二条の保護が及ぶのはライフルや拳銃など自衛用の通常の銃器であ

ると述べているため、マシンガンなど、殺傷能力の高い半自動小銃の法的扱いについては、今後の課題となった。

この判決の影響として、シカゴ、ニューヨーク、フィラデルフィア、デトロイトなど、DC法と同じ内容の法律をもつ大都市が訴訟の場になることが予想された。しかしDC法は連邦法に属し、この判決がそのまま州・郡・市の政府にも適用されるというわけではない。

そもそも「権利の宣言」と呼ばれる修正第一〜一〇条は個人の基本的権利を保障することを連邦政府に義務づけるものである。しかし南北戦争直後の一八六八年、修正第一四条が批准され、修正第五条が州・郡・市の政府にも適用されることになった。

修正第一四条第一項の中で、その部分は以下の通りである。

いかなる州も、合衆国市民の特権または免除を制約する法律を制定し、または実施してはならない。いかなる州も、法の正当手続きによらずに、何人からもその生命、自由または財産を奪ってはならない。いかなる州も、その管轄内にある者に対し法の平等な保護を否定してはならない。

最初の「いかなる州も」という主語によって、修正第五条で保障された「正当手続き」や「法の平等」などの権利を保障することが州政府にも課せられたのである。残りの修正についても、その後の最高裁判決によって、一〇の「権利の宣言」のほとんどが州・郡・市の政府にも適用されている。しかし修正第二条については次の「マクドナルド対シカゴ」判決を待たなければならなかった。

「マクドナルド対シカゴ」判決(二〇一〇年)

一方ヘラー判決に前後して、連邦控訴裁は州・市・郡の銃規制法について異なる判決を出している。

二〇〇九年一月、ニューヨークの第二連邦巡回控訴裁判所は「マロニー対クオモ」(Maloney v. Cuomo)訴訟において、修正第二条をニューヨーク州法に適用することに反対し、格闘技用の武器(ヌンチャク)の所有を禁止する州法の存続を認めている。このときソニア・ソトマイヨールは判事として判決に加わっていたため、最高裁裁判官への指名・承認プロセスにおいて、銃規制派が反対する理由となった。同年四月、サンフランシスコの第九連邦巡回控訴裁判所は「ノルディク対キング」(Nordyke v. King)訴訟において、修正第二条の州への適用を認めている。一方同年六月、シカゴの第七連邦巡回控訴裁判所は修正第二条の州への適用を否定し、同市の拳銃禁止法を支持した。

憲法上の問題について、このように連邦控訴裁判所が異なる判決を出しているため、合衆国全体としてみると、憲法上の保障に不平等が生じている。たとえばカリフォルニア、ハワイ、オレゴン州の人たちは修正第二条により、銃を保有・携行する権利を保障されているが、ニューヨーク、イリノイ、ウィスコンシン州の人たちはそうではない。最高裁は早晩この状況を解決せざるを得ない。

二〇〇九年九月末、つまり連邦裁判所の新年度(一〇月～六月)の直前、最高裁は銃を規制する州・郡・市の法が修正第二条に違反するかどうかを審査すると発表した。夏の間に提訴された、およそ二、〇〇〇の請求から選別される、わずか一〇あまりの幸運に与ったのは、イリノイ州のシカゴ市とその近隣のオーク・パーク郡の銃規制法に対する訴訟「マクドナルド対シカゴ」(McDonald v. Chicago)である。原告のオーティス・マクドナルド(Otis McDonald, 老年の黒人)は、麻薬組織から身を守るために自宅における拳銃の常備を求めた。彼の弁護を担当したのは、あのヘラー訴訟を勝利に導いた、アラン・グラだった。

二〇一〇年六月末、最高裁は「マクドナルド対シカゴ」訴訟において、修正第二条はすべてのアメリカ人に武器を携帯する権利を与えていると判断した。

アリート判事は、多数派意見のなかで、修正第二条が保障する自衛の権利は「自由と秩序」というアメリカ的な概念にとって根本的なものである、したがって、「権利の宣言」の他の規程と同じよう、連邦政府だけでなく、州・郡・市の政府にも適用されなければならない、と述べている。

加えて、重罪で有罪とされた者、精神病患者による銃の所有を禁止する法律、学校や連邦政府の建物への持ち込みを禁止する法律、小火器の商業販売に伴う違憲の疑いをかけたわけではないことを強調した。

さらに多数派意見では、州・郡・市の政府への適用の根拠について、修正第一四条に触れている。同修正の起草者には、解放された奴隷に自衛のための武器所有を認めようと考えた証拠があるという。しかしその根拠を、修正第一四条のうちの、「正当手続き」条項とするのか、あるいは「特権または免責」条項とするのかについては、明らかにされなかった。

他方、少数派の歴史の見方は異なる。スティーブンス判事によると、確かにこの国の幼年期にはマスケット銃をもつ権利を民兵に保障したいという動機が、合衆国憲法の起草者にあった。また南北戦争中に解放された奴隷に完全な市民権を保障したいという動機が、南北戦争後のリコンストラクションの時代の連邦議会にはあった。しかしそれらの理由は、今日のシカゴのような犯罪都市において、市民が銃を自宅にもつべきかどうかを判断する決め手とはならないという。

いずれにしても、二度の判決により、最高裁は修正第二条が自宅における銃の保有・携行を、州民兵の権利としてだけではなく、個人の権利として保障していることを確認した。これらの判決は、このように、銃の保有・携行について、限定的な権利を認めたものである。

しかし自宅外の保有・携行については、明確な基準を示していない。たとえばヘラー判決においてスカリーア判事は多数派意見のなかで、学校、病院、連邦ビルなど、「重要な場所」(sensitive places)への携行を禁止する法を疑う余地はないと書いているが、学校、病院、連邦ビル以外に、「重要な場所」を具体的に明示していない以上、ガン・ライツ派も銃規制派も、自分に都合よく解釈できるものだった。ガン・ライツ派は「重要な場所」以外ならば、どこでも保有・携行できると考え、銃規制派は「重要な場所」をできるだけ広く解釈することができる。

とくに自分の住む地域の銃規制を厳しいと考える、全国のガン・ライツ派は両判決を追い風にして、NRAや「セカンド・アメンドメント・ファウンデイション」(Second Amendment Foundation)などの団体の支援を受けながら、州、郡・市レベルの銃規制法に挑戦する訴訟を全国の下級裁判所で始めた。また連邦法違反や州法違反の罪に問われていた被告は、「ヘラー判決」や「シカゴ判決」を根拠として、告訴の取り下げを要求し始めていた。最高裁が保障したのは唯一重罪で有罪判決を受けた者に銃の所有を禁止する法律だけだったので、とくに軽罪である家庭内暴力で告訴されている者はその取り下げを要求し始めた。

「マクドナルド対シカゴ」判決はまさに新たなバトルの仕切り直しになったのである。

この点について、一部の連邦裁判官や研究者は、人工中絶を原則として認めた「ロー判決」(一九七三年)との類似点を指摘している。同判決後に、女性に人工中絶の選択権を原則的に認めながら、とくに保守的な州政府や州議会による制限や義務の立法化が延々と続いた。そのプロセスと同じような展開を、銃規制についても予想する。この問題は、いわば、合衆国をはじめ立憲民主政体をとる国において、司法と立法の間には常に緊張関係がみられ、両者のバランスをとることが難しいことを改めて浮き彫りにしている。「女性の自立vs胎児の生命」というフレームで両極化している、人工中絶論争の場合と同じく、銃問題においても、「自衛vs犯罪防止」という対立のフレームにおいて、このさき、さまざまな立法化が各州で試され、それに対する訴訟が続いていくことになるだろう。

また最高裁判決に合わせて、DC市議会は銃規制法を即座に改正し、同市民に銃許可証の申請を認め始めた。ただし判決はDCに正当な規制を認めたため、銃の使用については、自衛目的に限られ、携帯する弾丸の数は一二以下にしなければならない。また従来通り、DC内で銃を買うことはできないし、銃を自宅の外に持ち出すことはできない。さらに二〇〇八年一二月、銃所有の規制のための、包括的な条例を可決した。それによると、すべての所有者は三年ごとに安全トレーニングを受け、小火器の登録を更新しなければならない。さらに六年ごとに犯罪歴チェックを受けなければならない。登録者は犯罪歴チェックを受け、四時間の武器講習(そのうち、一時間は射撃)を受け、二〇項目のペーパーテストを受け、登録する銃の発射テストを受け、弾道レコードを登録しなければならない。また私有地以外の携帯は認められていない。

二〇一一年一〇月初旬、DC地区連邦控訴裁判者は二対一で、半自動ライフルと大容量の弾倉を禁止するＤＣ法、拳銃登録を義務づけるＤＣ法を支持する判決を下した。

同裁判所はＤＣの修正された銃規制は概ねさきの最高裁判決を満たすと判断し、同じくディック・ヘラーの主張を否定した。犯罪と闘うＤＣの利害は半自動ライフルや一〇を超える弾丸を装填できる弾倉の禁止を正当化する。また禁止しなければ、警官のリスクが増え、犯罪者を助長することになるという、ＤＣ市議会の主張には実質的な証拠がある。またＤＣ市民に拳銃の所有が認められている以上、この禁止は武器の取り上げに当たらないし、自衛の権利を侵害しない。拳銃登録の義務づけは、自動車の登録の場合と同じように、過重な負担とはいえない。ただし小火器の安全にかんする講習の義務づけについては、下級裁判所における審議の継続を命じた。

他方シカゴでは、最高裁判決のわずか三日後に市長リチャード・デイリー（Richard M. Daley, 民主党）は合衆国でもっとも厳しいといわれる拳銃条例を発表した。それによると、第一に、ガン・ショップを禁止する。また銃の所有者はそれを携帯して自宅から一歩でも外に出ることはできない。住民が一ヵ月に登録できる拳銃の数を制限し、いかなるときでも、使用できる状態で所有する拳銃の数を一丁にする。第二に、子どものいる家では、拳銃を施錠したボックスに保管するか、引金安全装置をとりつける。第三に、銃の所有者に四時間の座学講習と射撃練習場における一時間の実技講習を義務づける。第四に、暴力犯罪や家庭内暴力で有罪判決を受けた者、飲酒運転や薬物運転により二回以上の逮捕歴をもつ者に、銃の所有を禁止する。第五に、すべての拳銃所有者の登録を、警察官や消防士にその名前と住所がわかるように保管することを、警察署に義務づける。違反者には、初犯の場合、五千ドルの罰金または九〇日までの禁固刑、再犯の場合には、一〇万ドルの罰金または六ヵ月までの禁固刑が科される、という内容のものである。同市議会はこれを可決した[WP: Dec 3, 15d]。

DCやシカゴだけでなく、その他の州・郡・市は最高裁判決に合わせて、州法や条例を改正しなければならなくなった。また州・郡・市の政府のなかには、ガン・ライツ支持派からの訴訟を恐れ、自主的に法の実施を緩和するところも出てきた。さらに、自宅以外のスペースにも、その権利を拡大する運動と、その反対運動が始まり、銃をめぐる対立がいっそう激しくなった。乱射事件に後押しされ、一気にすすんだ緩和の揺り戻しが州で試されている。

しかし逆の動きもみられる。下級裁判所におけるガン・ライツ派は州、郡・市レベルの銃規制法に挑戦する訴訟を全国の下級裁判所で始めたが、その敗訴が報告されている。ブレイディ・センターの報告書「ホロー・ビクトリー」(Hollow Victory) によると、四〇〇以上の訴訟において、下級裁判所は最高裁のヘラー判決を限定的に解釈し、家族やコミュニティを銃犯罪から守る法を作る権利が人々にあると判断しているという。

いずれにしても連邦の地方裁や控訴裁で異なる判決が下されれば、保有の資格や携行の場所について、自宅外における全面的な携帯の個人の権利を、修正第二条が保障するかどうか、最高裁が改めて判断を下すことになる。新たなラウンドが州から始まる。

このように連邦最高裁は、近年、合衆国憲法は銃の保有・携行を人権の一部として保障すると判断し、「厳しすぎる」州法や連邦法に違憲判決を下している。それは銃撃により命を落とす人たちやその遺族の願いよりも、憲法の原則を重視したことを意味する。ここに本書の大きな問いに対する答えの一つがある。つまり修正第二条がある限り、連邦議会も州議会も個人が銃を保有・携行する権利を一〇〇%禁止するルールを作ることは絶対にできない。規制と緩和の綱引きにおいて、ガン・ライツ派には「護憲」の利があり、銃規制派には「違憲」の不利があるからである。

とはいえ今のところ最高裁は、自宅内で銃を保有・携行する権利を認めただけで、そのほかの点については、州レベルで、ガン・ライツ派と銃規制派が対立の試行錯誤を繰り返しながら、立法や司法を通して、修正第二条が原則として保障する権利の詳細を少しずつ確定していくしかない。それでは最後に、その実験場である州レベルの動きをみていこう。

第一〇章

州レベルの動き

一　連邦制における州の独立性

そもそも連邦制において、州・郡・市政府は、どの程度連邦政府から独立しているのか。州レベルの動きはレッドステイトとブルーステイトの間にどのようなちがいがあるのか、そして一つの州の試みはとくにその近隣の州にどのような影響を与えるのか。これらの点について述べていく。その前に、連邦制について合衆国憲法を確認しておきたい。

第一に、合衆国憲法は第一章第八条（連邦議会の立法権限）第三項（諸外国との通商、各州間の通商およびインディアン部族との通商を規制する権限）において、連邦政府の役割を規定している。それによると、連邦議会の立法の対象は二州以上にまたがる通商とインディアン部族との通商に限定

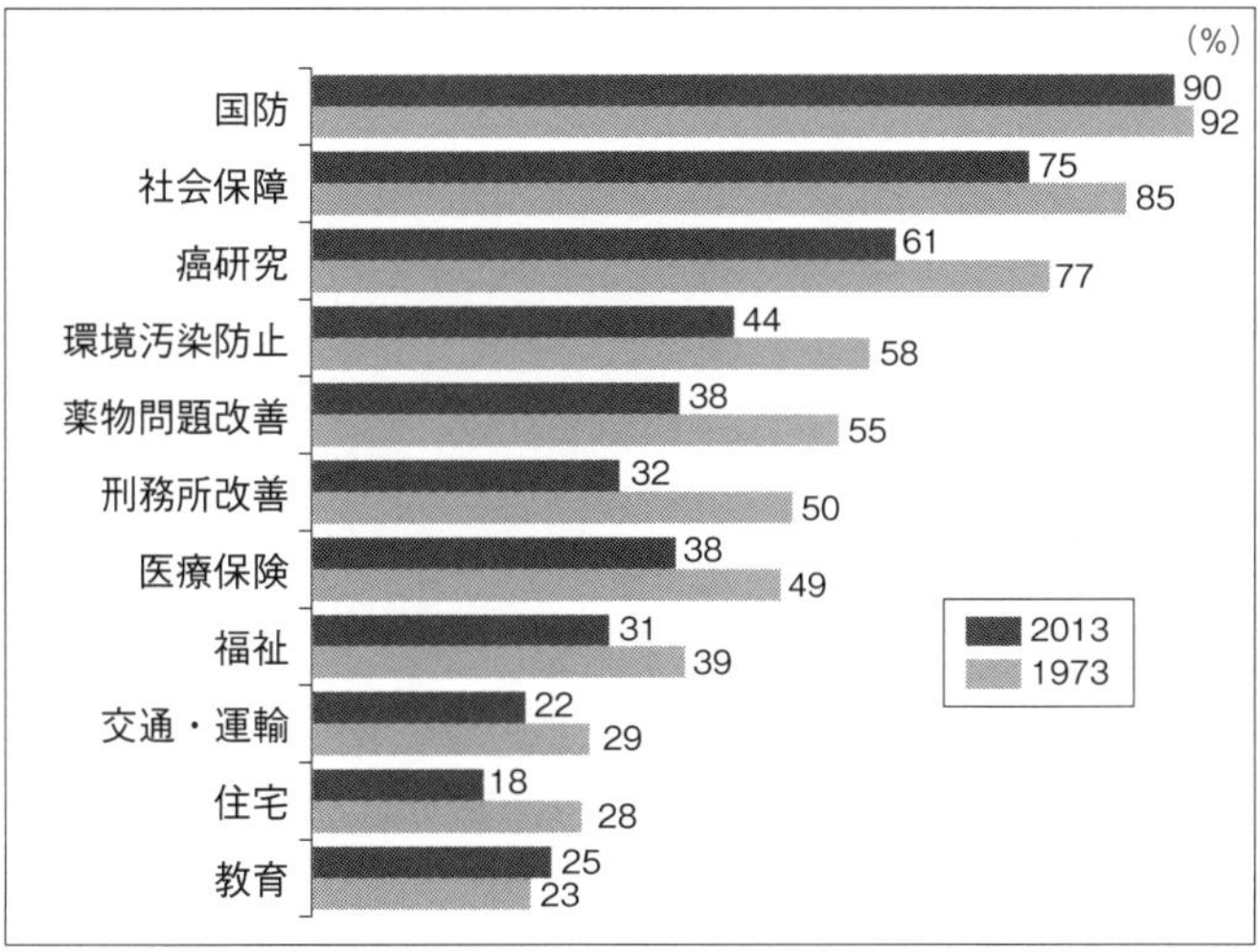

グラフ10　政策決定において、州政府や自治体よりも、連邦政府の優先を支持する人の割合、イシュー別

［CI: Sept 23, 14］

されている。一州内の通商については、州の独立した立法権が認められている。

州政府に対する連邦政府の影響力は、命令、権限の剥奪、優先(preemption, 連邦法の法理の一つ)、そして部分優先(連邦の規制の範囲内で州・郡・市の自由裁量を認める)など、いくつかある。たとえば一九六五年、連邦議会はタバコの販売、流通にかんする州・郡・市の規制をすべて取り除き、連邦法を優先させた。これまで連邦議会の「優先」立法は五〇〇前後に上る。その半分以上はこの三〇年間に集中し、連邦政府の規制強化の傾向を示している。

世論調査によると、この中央集権

化に対する有権者の反応は政策分野によって異なる[CI: Sept 23, 14]。

一九七三年と二〇一三年の比較をみると、国家安全保障、社会保障、銃器の研究などにおいては、若干の減少があるとはいえ、両年ともに、連邦の優先を認める人の割合が過半数を大きく超えている。しかし環境保護、薬物規制、刑務所改革、医療保険、福祉、運輸、住宅、教育などについては、連邦政府の優先を支持する割合は減少し、過半数を超えるものは一つもない。

第二に、修正第一〇条(州と国民に留保された権限、一七九一年成立)は、合衆国に委任していない権限または州に対して禁止していない権限は、各々の州または国民に留保されるとしている。

しかし補助金に条件を付けることで、連邦政府は州・郡・市の立法や政策を誘導しようとする。社会的、経済的目標を達成するために、州・郡・市が連邦から受け取る補助金のほとんどすべてに、差別廃止や環境保護などの条件が付けられている。たとえばスピード制限を強制しない場合、麻薬犯の免許証を無効にしない場合、飲酒年齢を引き上げない場合、広告看板の規制をしない場合、道路脇の荒地を管理しない場合、クリーンエア法を満たさない場合など、州は高速道路の補助金を失うことになる。

他方、連邦法と州法に食い違いがあっても、連邦政府は一時的に敢えて動かず、州の動きを静観する場合がある。その間、州政府には二つの対応がある。

一つは連邦法の無効を宣言するなど、対決姿勢をとることである。そもそも連邦と州の間には、主権をめぐる対立、政策の縄張り争いの歴史がある。連邦政府に積極的な、広い役割を認める連邦主権論に対して、州を犠牲にした連邦政府の権限の拡大に反対し州政府や地方自治体に主権を認める州主権論が唱えられてきた。後者の極端な例として、「連邦法の無効」宣言(Doctrine of Nullification)がある。ジョン・C・カルフーン上院議員(一七八二―一八五〇、S.C.)は、州はその域内において、連邦法無効を宣言し、その実施を拒否できると唱えた。現在でも、象徴的な行為としてではあるが、そのような議決が州議会でときどきみられる。

この対決姿勢とは逆に、知事や司法長官など州政府の代表が、現行の州法を公式に擁護しないことで、連邦法と州法の矛盾を回避する姿勢である。これは二〇一五年六月末、連邦最高裁が同性婚禁止の州法に違憲判決を下す過程でみられた現象である。選挙で選ばれた州知事や州司法官が有権者の意志を代表しないという意味で、この姿勢には、民主主義を否定しかねない問題がある[WP: Jul 19, 13]。

ほかにも連邦と州の間には、連邦裁判所などの連邦ビルや国立公園など、各州に存在する連邦の管轄地をめぐる緊張関係がある。連邦政府は全国に、国立公園をはじめ、およそ六億三千五百万エーカーの、いわば直轄地を所有し管理・運営している。とくにウェストにおける連邦の直轄地は想像以上に広い。たとえば連邦政府の土地管理局(Bureau of Land Management)や森林局(U.S. Forest Service)はネバダ州の土地の八割強を、またユタ州の土地の六割半を管理・

運営している。とくにユタ州の場合、直轄地は三千五百万エーカーに相当するが、その土地で石油や天然ガスを生産する企業は連邦政府に年間三億三千一百七十万ドルのロイヤルティを支払う。同州議会では、同地の購入を検討しているが、山火事対策など、管理・運営費の負担を考えると、判断が難しいという[WP: Dec 1, 14]。

また連邦政府の土地で、無断で牛に草を食べさせるカウボーイがときどき連邦政府と衝突する。その牛を接収しようとした連邦の「土地管理局」の職員が、武装した牧場主クライブン・バンディと対峙した、ネバダ州の事件(二〇一四年)は記憶に新しい。

最後に、州内政治に触れておく。州内では、一般に、ガン・ライツにせよ銃規制にせよ、一般論として、州憲法に規定がない限り、政治運動をすすめるのは比較的たやすい。まず支持者を組織し、選挙運動やロビー活動により、議会内の多数派の形成をめざす。そのあと、州議会における立法を工作すればよい。しかし対立の一方が予防措置として州憲法を修正してしまうと、他方にとって運動をすすめるのは比較的難しくなる。手段としては、住民投票により州憲法のさらなる修正をめざすか、法廷闘争により連邦最高裁の判決をめざすしかない。また規制や取締りにおいては、一州だけで強化しても、近隣州の足並みがそろわないと効果がない。タバコやアルコールや銃の規制についてはとくにそうである。

二　二極化するガン・ポリティクス

修正第二条は銃の保有・携行の権利を個人に認めると判断した最高裁判決(二〇〇八、二〇一〇年)により、州レベルで活発化したガン・ポリティクスは、サンディ・フック小学校銃撃事件(二〇一二年一二月、コネティカット州)を経て、さらに活発化した。この時期、団体の運動のもとで、じっさいどのような州法が成立しているのか、ともに精神病歴のある犯人による銃撃事件を経験した、コネティカット州とアリゾナ州を例として、比べてみよう。

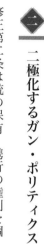

コネティカット州では、事件以来、遺族とそれを支援するグループが銃規制の強化を求めて、州議会へのデモをしばらく続けた。議会はすぐに法案を作成し、包括的な銃規制法を可決している。犯人が使った銃器など、セミオートマチック・ライフル一一五種類と一〇発を超えるマガジンを禁止し、精神病対策と学校セキュリティ強化のための予算措置を講じている。

他方、アリゾナ州では、トゥーソン事件(二〇一一年一月)以来、銃器の売り上げが増え、銃弾の買占め現象と同時に、隠匿銃の携行範囲を広げる運動が起きた。州議会では隠匿銃の携行を簡易化する法案が相次いで可決されている。またコルト・アーミー・アクション・リボルバー(Colt Army Action Revolver)を州の公認銃器として指定した。ただしすべての公共ビルに隠匿銃の携行を認める法案に対しては、当時の州知事が拒否権を行使した。一方精神病対策として、犯罪歴チェックシステムへの報告を徹底するようした。

これら二州は銃撃事件を経験したにもかかわらず、その後の対応がまったく逆である。コネティカット州は銃規制を強化し、アリゾナ州はガン・ライツを拡大している。確かに銃撃事件のインパクトは大きいが、必ずしも、銃規制をうながすわけではない。むしろ、その対応として、もともと銃規制派の多いブルーステイトでは、さらに銃規制がすすみ、もともとガン・ライツ派の多いレッドステイトでは、さらにガン・ライツの拡大がすすむようである。コネティカット州はディープブルー、アリゾナ州はディープレッドの州である。

さらにサウスやミッドウェストのレッドステイトでは、銃撃事件のたびに銃規制の動きをみせる連邦政府への対応として、州議会が「連邦銃規制法無効宣言」を採択する。二〇〇〇年からの一〇年間で、この種の提案は二〇〇を超える[N21: Aug 16, 14,]。

銃撃事件はもちろん他州にも影響を与えるため、同じような反応が全国で起きている。ロー・センター・トゥ・ガン・バイオレンス(Law Center to Prevent Gun Violence)の集計によると、サンディ・フック小学校銃撃事件から一年の間に、全国の州議会に提案された銃関連の法案は一千五百を超える。そのうち一七八が可決され、一〇九が知事の署名を得て州法となっている。これらの州法のうち、七〇はガン・ライツを拡大するもので、主にミッドウェストやサウスの共和党が多数派を占めるレッドステイトで承認されたものである。他方、残りの三九は銃規制を強化するもので、主にノースイーストやウェストの民主党が多数派を占めるブルーステイトで承認されたものであるという[NYT: Dec 10, 13]。

結果としてアメリカは、インディアナ、バージニア、サウスカロライナ、テネシー、アラバマ、アーカンソー、ルイジアナ、ユタ、テキサスなど、ガン・ライツを拡大しようとするレッドステイトと、コネティカット、ニューヨーク、メリーランド、カリフォルニアなど、銃規制を強化しようとするブルーステイトへと、ますます二極化していくのである。

一九八七年、フロリダ州議会は「法に従う市民」に銃を隠し持つことを認めた。条件は「自衛の優先」を宣誓することだけである。銃の携帯許可をもつ人の数は、同年の二万五千から二〇年後の四一万に増えた。地元紙『フロリダ・サンセンティネル』によると、その数字のなかに、有罪を認めた人が一、四〇〇、指名手配中の者が二一六、家庭内暴力で裁判所の監視下にある者が一二八、性犯罪者として登録されている者が六、ふくまれるという。

近年、同州は銃規制の緩和をさらに強めている。

たとえば二〇一一年八月、フロリダ州では同州の医者に、銃の所有について患者に質問することを禁止する州法が施行された。同時に、銃所有にかんする情報をカルテに記載することを同州の医者に禁止し、銃の所有にかんする「不必要な質問」をハラスメントとして当局に通報する権限を患者に与えた。召喚、勧告、罰金、「矯正教育」など、フロリダ州医学評議会(Florida Board of

Medicine)による懲戒処分がある。このフロリダ州法は全国最初のもので、同様の州法を検討する州はほかにもある。

ことの発端は、同州の小児科医が銃の所有にかんする質問を拒否した母親を治療室から退室させたことにある。母親の態度から、医師-患者の信頼関係を築くのが難しいと判断したからだった。

しかしNRAはロビー活動など、積極的な運動を展開し、たとえばガン・ライツ派は小児科医の質問はプライバシーの侵害であり、保険会社から差別的扱いを受ける原因にもなると主張した。その結果、二〇一一年一〇月一日までにそれぞれの銃器や弾丸にかんする条例とその取締まりを廃止しない郡・市の自治体政府に罰金を科す州法が成立した。

もともと一九八七年から、州内の郡・市の自治体はそれぞれ独自の銃規制をすることを禁じられていた。しかしとくに都市部は、人口の希薄な農村部との環境のちがいを理由に、同州法を無視するところが多かった。かつて二〇〇〇年、サウスマイアミ市が引金安全装置を義務づける条例を成立させたが、NRAに訴えられ、敗訴している。

このように郡・市はその後も独自の条例を設ける傾向にあったが、今回の立法により、「故意に」独自の銃規制を続けると、市長や市議会議員は五千ドルの罰金や免職のリスク、さらに自治体は一〇万ドルの罰金のリスクを負うことになった。同立法に対応するため、郡・市は銃関連の条例や掲示を廃止した。たとえば政府庁舎や繁華街や公園や図書館への持ち込み、イベントにおける祝砲などを禁止した条例が廃止される。その結果、もちろん自宅の庭で、射撃練習をしてもよいことになっている。

他方、小児科学会のフロリダ支部は、言論の自由の侵害として訴え、連邦マイアミ地裁は医師の言論の自由の権利は修正第二条に違反しないと判断し、同州法をブロックした。二〇一五年七月、その判断は連邦第一一巡回控訴裁によって破棄されている。

最後に、州間の相互作用に触れておく。州どうし、とくに近隣州都の関係は二面的である。一方で競合的関係にある。他方で、問題可決には協力的でなければならない。銃規制についてはとくにそうである。

二〇一〇年九月末、「メイヤーズ」(Mayors Against Illegal Guns Coalition)は、銃規制の緩い州を発表し、犯罪で使われる銃の密売を防ぐため、それらの州に規制強化を要請した。二〇〇九年の一年間に犯行現場から押収された銃のうち、もともと他州から持ち込まれた銃、四万三千丁にかんする調査に基づくものである。

それによると、他州へ「輸出」されそこで犯罪に使われる銃のもっとも多い州は、ミシシッピー、ウェストバージニア、バージニア、ケンタッキー、ジョージア、アラバマ、アラスカなどで、他州の犯行現場に関連した銃四万三千のうちのおよそ半分を提供しているという。たとえば犯罪で使われることになる銃を輸出する頻度のもっとも高いミシシッピー州では、人口一〇万人当たり五〇丁を他州へ供給している。これは全国平均の約三倍である。

これが本当ならば、規制の緩い州が規制の厳しい州に銃を供給し、後者の規制を骨抜きにしていることになる。

三 対立の具体的な論点

ガン・ライツ派と銃規制派が対立を繰り広げる前線は多様である。許可証に必要な資格や講習や待機時間、保管の方法、銃・マガジンの種類、隠匿やオープンなど携行の方法、学校やレストランなど携行が認められる場所、正当防衛の積極的解釈、精神病や薬物中毒の対策など多岐にわたる。

(一) 許可証の発行

犯罪歴などに問題がなければ許可証を発行しなければならない法をもつ州「シャル・イシュー・ステイト」(Shall-Issue-State)と、問題がなくとも、当局に裁量の権限を残す州「メイ・イシュー・ステイト」(May-issue-State)に分かれる。

前者では銃の保有・携帯の免許証の取得が簡単であるため、州外の申請者も多い。たとえばユタ州では、一九九六年からの一五年間で免許証を取得した二四万人のうち、およそ半分が州外居住者である。一九九六年、同州議会が州外居住者への発行を認め、犯罪歴チェックや実技講習を省略するなど取得条件を軽減した。じっさい、銃を一度も手にすることなく許可証を取得できる。取り扱いやマナーの講習を義務づける州の人は、ユタ州が認可し全国に配置する指導員をインターネットで検索し、地元で受講することもできる。費用は六五・二五ドル、また五年の有効期間の更新料は一〇ドルに抑えられている。その許可証は三二州で有効とされる。

しかしユタ州の取得条件の緩和を歓迎しない州もある。ニューヨーク、ニュージャージー、コネティカットなど、ユタ州が発行する免許証をいっさい認めない州もある。これらの州では、免許証の発行にさいして、受講義務のほかに、ウェイティング・ピリオドがあるところもある[WP: Aug 25, 14]。時間の長さにちがいがあるが、犯罪歴チェックのために三日間を設けるところがある。ただしその間、憲法上の権利を侵害することになるという反対論もある。

(二)銃器とマガジン(弾倉)の種類

銃の種類については、とくに攻撃用ライフルなど高性能の銃器を認める州と、それを禁止し拳銃とショットガンだけを認める州に分かれる。

さらに最近の傾向として、伝統的な銃器を「州の銃」として公認する州が増えている。二〇一一年、ユタ州が「ブラウニングM一九一一ピストル」を公認して以来、二〇一四年までに、ペンシルバニア州、ウェストバージニア州、インディアナ州、アリゾナ州、アラスカ州がそれぞれ公認の銃を指定している。しかし二〇一六年、テネシー州が公認したものは、同州出身のロニー・バレットによる製造とはいえ、アメリカ軍スナイパーが公式に採用する「バレット50キャリバー」であり、旅客機を打ち落とせる。いうまでもなくアメリカ市民が入手できるもののうちでももっとも破壊力がある。連邦は禁止していないが、カリフォルニア州やワシントンDCは認めていない[WP: Feb 26, 16]。

マガジンの弾数については、上限を設ける州と設けない州がある。カリフォルニア、メリーランドなど、都市部が支配するブルーステイトでは、マガジンの弾数を一〇発までに制限する州が多い。その上限はほとんどの州でリボルバーが装填できる六発より多い。ちなみに連邦法の定義では一一発以上の弾を装填できる弾倉を高性能マガジンと呼ぶ。トゥーソン乱射事件の犯人ジャレッド・リー・ロフナーが使った九口径のグロックのマガジンは三一発装填できるものだった。乱射による犠牲者の数が多くなるため、高性能マガジンの規制は重要である。

(三)携行の方法

携行の方法は、オープン・キャリー（公共の場所で銃が見える状態で携帯すること）とコンシールド・キャリー（隠匿携行）の二つに分かれる。

オープン・キャリーは、ほとんどの州で認められている。二〇〇〇年頃からバージニア州で始まった「オープン・キャリー・ムーブメント」（open-carry movement）は、二〇一〇年頃には、およそ四〇州に波及している。とくに「ミート・アップ」（meet-up, 集合）と呼ばれるイベントを呼びかけ、公園など公共のスペース、ファースト・フード店やコーヒーショップなど、民間の飲食店を集合場所として、デモンストレーションをおこなう。ガン・マニアに加えて、現役、退役の軍人、予備軍人、州兵、警官、消防士などが参加する。

この種のデモンストレーションは、とくにカリフォルニア、ニューヨーク、イリノイなど、隠匿銃の携帯の許可をとるのが難しい州で多くみられる。その目的は、反対派との対決や銃にまつわる悪いイメージを払拭することにあるというよりは、銃の露出に不快感を覚える人を多くすることで、目立たない銃の携行、つまり隠匿銃の規制緩和を求めて、州議会に圧力をかけることにあるらしい。

「オープン・キャリー・ステイト」では、営業妨害を恐れるビジネスに、それを拒否し「禁止」の張り紙をすることが認められている。たとえばスターバックスは二〇一〇年の初頭から「ミート・アップ」の標的にされた。しかしもともと、自宅でもない、仕事場でもない、レイ・オルデンバーグのいう「グレイト・グッド・プレイス」を売りにし、コミュニティの人たちが、三々五々、快適に過ごすスペースである。銃規制を望む客も多く、結局、「禁止」の決断をしている。同様の対応は、小売りのターゲット、ファースト・カジュアル・フードのチポレなど、リベラル派が好んで通うチェーン・レストランにもみられる。

次に、隠匿銃を認める州は、一九八七年には一〇州だったが、二〇一二年に認めたイリノイ州を最後に、現時点で、隠匿銃を認める法はすべての州にある。許可証の取得や講習の義務づけなど、州によって条件は異なる。たとえばニューヨーク州は特定の軽罪で有罪判決を受けた者への禁止、正当な理由の証明、実射講習の受講の義務づけなど、厳しい条件をもつ。他方ユタ州の条件は緩く、居住者、非居住者の別なく、許可証を発行する。またアリゾナ州、アラスカ州、ヴァモント州は許可証そのものを廃止した。ただし二一歳未満の者に銃の購入を認めない連邦法に配慮し、その者だけに、許可証の取得を義務づけている。

隠匿銃の普及を示すエピソードとして、空港のセキュリティ・チェックで押収される銃の数が近年急増したことがある。隠匿を忘れて通過しようとしたケースがほとんどだという。また保護者が学校や保育園を訪れるさいに、金属探知機でひっかかるケースも増えている。この場合、保護者は携行の権利を主張するので、訴訟に発展することもある[WP: Nov 3, 15; NYT: Nov 30, 15]。

（四）携行できる場所

キャンパス

大学のキャンパスは、長年、ガン・フリー・ゾーンだった。一七四五年、イェール大学が持ち込みを厳罰に処して以来、ほとんどの大学は警備員や法取締官を除いて、銃の保有・携行を禁止してきた。しかし近年キャンパスで乱射事件が頻発するため、大学は方針を変えつつある。ナショナル・コンファレンス・オブ・ステイト・レジスレイチャー（National Conference of State Legislature）によると、全国的には、二〇一五年一〇月の時点で、隠匿銃のキャンパス内への携行について、カリフォルニアはじめ一九州が禁止している。二三州が個々の大学に決定を委ねている。他方、コロラド、アイダホ、カンザス、ミシシッピー、オレゴン、テキサス、ユタ、ウィスコンシンの八州が公立大学に限定して許可している[NCSL: Oct 5, 15]。

学校をはじめとして、アクティブ・シューター（乱射犯）への対応を目的とした訓練を義務づけ、教員や警備に銃の携行を義務づける傾向はどこも同じである。ただし学生の携行については、二極化した反応がみられる。

ガン・ライツ派は大量殺人を思いとどまらせ、学生に反撃のチャンスがある分、キャンパスは安全になると主張している。確かにアメリカの大きな大学はキャンパスも広く、フェンスやゲートもないので、ほとんど自由に出入りできる。ナイフや銃による恐喝事件やレイプも少なくない。女子学生をふくめて、銃による武装が必要だという主張には一理あり、リバティ大学のように学長自ら隠匿銃の携行を学生に薦める大学もある。隠匿銃の携行を認めたテキサス州では、テキサス大学のある学部長が抗議の意味で辞任した。

他方、銃規制派は銃犯罪による死亡者が増えると警告する。とくに学部の学生は未熟で、感情を抑えられず、口論が、銃撃戦にエスカレートしたり、落第した科目の担当教員を射殺したりする事件が増える危険を心配する向きも多い。終身雇用や昇進を拒まれて審査教授を射殺する、科目を不合格にされて担当教員を射殺するなどの事件も起きている。教員や学生や事務職員が銃を携行することで、その分、彼らと銃撃犯の区別が難しくなる。銃撃犯に応戦できる教員や学生もいるかもしれないが、銃に慣れない人も多いという。

バー、レストラン

選挙のさいの対話集会に使われるなど、飲食店は政治化された場所である。

アルコールを飲ませるバーやレストランへ弾丸を装填した状態で隠匿銃を持ち込むことを法的に許可した州は、テネシー、アリゾナ、ジョージア、バージニア州など、合わせて四つある。この問題について規定をもたないために、事実上、持ち込みが許されている州は、ニューヨーク、ニュージャージー、マサチューセッツなど、二〇州ほどある。

そもそもレストランやバーと自宅の間を歩く人たちの自衛が、問題のもとにある。確かに弾丸を装填した状態で銃を携行できれば、レストランやバーからの帰り道、警官の目の届かない場所でも、襲われても、自衛できるかもしれない。

他方、テネシー州法(二〇〇九年)では、銃の携帯中は飲酒を認められていない。また経営者は店頭表示により、銃の持ち込みを拒否できることになっている。しかし携帯したまま飲酒し、事故を起こす客もいれば、売り上げの減少を恐れて、店頭表示を出さない経営者もいる。また恐怖や不安から、職場の安全を求めて訴訟を起こす従業員もいる。

またバージニア州では、あのバージニア工芸大学乱射事件(二〇〇七年四月)から三年もたたない、二〇一〇年二月、全体議会がアルコールを出すバーやレストランへの隠匿銃の携帯を認める法案を可決し、七月から施行している。同州の民主党知事ティム・ケイン(Tim Kane)は八年間にわたり、拒否権も行使しながら、銃規制のレベルを維持してきた。しかし二〇〇九年、共和党のロバート・F・マクドネル(Robert F. McDonnell)知事が就任して以来、同州議会はガン・ショーで銃を売る、無認可の個人に犯罪歴チェックを義務づける法案を否決し、さらにアルコールを出すレストランやバーへの銃の携帯を禁止する法案をも否決したのである。

教会

教会もまた乱射による大量殺人を免れない。二〇一五年、サウスカロライナ州の黒人教会で、白人青年が牧師をふくめ九人の黒人を射殺する事件をはじめとして、ヘイト・クライムが起きている。現在、その是非をめぐり、訴訟がすすむ州もある。

ジョージア州では、教会への銃の携行をめぐり、二〇一一年一月、教会の一部やガン・ライツ派の団体が、許可証をもつ市民にチャーチ、シナゴーグ、モスクなど、礼拝所への銃の携帯を禁止する同州法は合衆国憲法で保障された信仰の自由の権利を侵害するという訴訟を、第一連邦控訴裁判所（アトランタ）に提起し、口頭弁論がおこなわれている。アーカンソー、ミシシッピー、ノースダコタなどとともに、同州は礼拝所への携帯を禁止する州にふくまれる。二〇一〇年には、市民が集まる場所のほとんどについて、銃規制を撤廃していたが、政府庁舎、裁判所、留置所、刑務所、精神疾患患者のための病院や施設、原子力発電所、礼拝所を除いていた。またバーについては、オーナーの許可がない限り携行を禁止した。

二〇一一年四月、バージニア州司法長官ケン・クッチネリ（Ken Cuccinelli）は自衛目的で礼拝中の教会に銃の携帯を認める見解を発表した。州法は、「正当かつ十分な理由がない限り」、礼拝中の教会への携帯を禁止しているが、クッチネリは自衛がその「正当かつ十分な理由にあたる」と述べた。加えて、私有財産法に基づいて、教会は銃の携帯を制限または禁止する選択の権利をもつと述べた。彼の発言はあくまでも助言であって、法的拘束力はない。

このように大学、教会、職場、駐車場、レストラン、バーなど、銃を持ち込めない場所を探すのが難しくなっている。

(五)正当防衛、スタンド・ユア・グラウンド法

もともとアメリカには「キャッスル・ドクトリン」(Castle Doctrine)があり、自宅への侵入者に対し、凶器で自衛することを許す、法的原則がある。これまで自宅外では、襲撃者に対抗するよりは、退却することを要求する州が多かった。

「スタンド・ユア・グラウンド法」(Stand Your Ground Law)は、いわゆる「キャッスル・ドクトリン」を自宅外の空間にも適用し、「生命の危険」にさらされた場合、その場に踏みとどまり応戦することを認めるものである。「相手を射殺してよい」という文言をふくむ州法もある。二〇〇五年のフロリダ州を皮切りに、二〇一二年の時点で、三三州で成立している。州議会を共和党が支配する州だけではない。背景には各州における、NRAをはじめとするガン・ライツ派の団体の強力な後押しがある[WSJ: Apr 17, 12]。

フロリダ州の法によると、違法行為をしていないときに、襲撃されたフロリダ州民は、後退する義務はなく、死や多大の身体的被害を防ぐために、凶器を用いる必要があると信じる、正当な理由がある場合には、そうしてよいのである。

同法の成立の二〇〇五年以降の五年間で、フロリダ州の正当防衛による射殺事件は三倍に増

えており、同法は自警団による監視を促進するだけでなく、ハウス・パーティ、近所どうしのもめごと、公園でのケンカから起きる銃事件を正当化する口実に使われる傾向があると報道されている。もちろんギャングどうしのガン・ファイトの口実にも利用されるという。

たとえば二〇一二年三月には、黒人の一七歳の少年が自警団の白人に射殺されたが、「犯人」は「自衛」を主張し、逮捕すらされなかった不幸な事件が起きている。警察による射殺をふくめると、この種の事件は多く、人種差別問題としても注目されている。

二〇〇六年以降、アメリカ全体の他殺件数は減少している。しかし正当防衛による他殺件数は増加している。とくにスタンド・ユア・グラウンド法をもつ州では、制定以後の増加が顕著である。

同法により、他殺が増えている場合もあれば、制定以前にはそうでなかったものが正当防衛としてカウントされるために、見かけ上の数が増えるという場合もある。いずれにしても、報道によれば、二〇〇〇年から二〇一〇年の一一年間において、合衆国全体の銃による他殺件数は、毎年平均一六、〇〇〇件ある。二〇〇五年までは、そのうち正当防衛によるものは一〇〇%だった。しかし二〇〇六年以降、件数は三〇〇前後に増え、同法をもつ州はそのうちの二〇〇くらいを占めている。とくにフロリダ州、テキサス州、ジョージア州をはじめ、一六の州では、制定以後、正当防衛が認められた他殺の件数が急激に増えている。しかしカンザス、アラバマ、ミシシッピー、モンタナ、ウェストバージニアのように、変わらない州もあるという[WSJ: Mar 30, 12]。ちなみに他殺者と犠牲者の人種がちがう場合、合衆国全体では、白人の犠牲者が多い。しかし正当防衛の場合をみると、黒人の犠牲者が多いという。

同法の反対派は「シュート・ファースト・メンタリティ」(Shoot-first mentality)を助長するだけでなく、殺人事件の捜査が難しくなるという。警察官は公務として射殺が許されているが、その基準は厳しい。同法が市民に課す基準のほうが低いといえる。

他方、支持者によると、同法は生命の危険にさらされているときに、逃げるのではなく、犯罪者に立ち向かう権限を与えてくれるという。

(六)精神疾患と薬物中毒への対応

まず精神病患者に対する規制をみておこう。すでに述べた通り、連邦の銃規制法(一九六八年)は「本人の意思に反して精神病施設に収容された」すべての人に、また「知的障害者と裁定された」すべての人に、銃の購入を禁止している。裁判所、専門委員会、法的認可を受けた団体が「本人または他人に対して危険」を宣告することと定めている。またブレイディ法(一九九三年)に基づき、FBIの犯罪歴チェックシステム(National Instant Criminal Background Check System)に、精神病患者をはじめとする不適格者のデータを提供するよう、州に協力を要請している。

州レベルでみると、精神病患者への対応は、連邦システムへの協力体制および各州独自の取り組みという、二つの点からみて、一様ではない。

まず、連邦システムへの協力体制をみると、二〇〇七年の時点で、犯罪歴チェックシステムへデータを提供する州は二二州だった。同年のバージニア工科大学乱射事件後、連邦政府は、この要請に応じない州には補助金を削減する規定を追加し、二〇一一年一月を報告の期限とした。しかしアラスカ、デラウェア、アイダホ、マサチューセッツ、ミネソタ、ニューメキシコ、ペンシルバニア、ロードアイランド、サウスダコタなど、九つの州は応じていない。ニューヨーク州が一〇万件を報告したとしても、その近隣州がデータを提供しなければ、同州の努力は報われない。

このように犯罪歴チェックシステムのリストは、合衆国全体としてみるならば、きわめて不完全である。じっさい、登録される精神病患者の数は、二〇〇七年五月で、二三万五千人である。また政府監査院(Governmental Accountability Office, 二〇〇二年)の報告によると、精神疾患を理由に、犯罪歴チェックシステムにより銃の購入を拒否されるのは、七万五千人に一人の割合である。他方、本人の意思に反して施設に収容された経験のある人で同システムが特定できない人は、推定二六〇万人に上るという。

薬物乱用者の銃規制についてみておこう。ＦＢＩの統計によると、一九九八～二〇〇八年の間に、犯罪歴チェックシステムにより購入を拒否された薬物乱用者は、全体の八%、つまり六万五千人だったという。二〇一一年初頭、薬物の乱用や常習により銃購入の不適格者としてリスト化されている人数は、二、〇九二人だった。全体の六百万人の一%にも満たない。

とくに六人を射殺し一四人を負傷させた、トゥーソン乱射事件(二〇一一年)のジャレッド・ロフナー(Jared Loughner)の場合、記録によると、薬物乱用で入隊の候補者としての登録を軍から拒否され、それから一年以内に、薬物使用の器具の所持(軽罪)で警察に逮捕されている。また、コミュニティ・カレッジの級友や教員から奇妙な言動を指摘され、退学させられている。これだけの事実がありながら、犯罪歴チェックシステムをすり抜け、ディーラーから、ショットガンやピストルを合法的に購入しているのである。

次に各州独自の取り組みをみておこう。一般に規制の厳しい州では、許可証の発行のさい、申請者は地元警察に申請し、広範な審査を受ける。さらに一定の待機期間が置かれる。たとえば二五万人のデータを提供するカリフォルニア州では、犯罪歴チェックシステムのもう一つの盲点に取り組んでいる。所持を禁止される以前に購入している場合がある。その場合、新たに購入しない限り、その人はリスト化されないのである。

同州は二〇〇二年、「アームド・プロヒビテッド・パーソンズ・システム」(Armed Prohibited Persons System)法を制定し、二〇〇七年から、法執行職員が精神病患者や薬物乱用者や犯罪者を優先的に同定し、データのアップデートに注力している。

しかしこのような取り組みはきわめて難しい。じっさい事件後や発症後にデータを照合できたとしても、それらの人が所持する銃を押収する作業は、自治体の予算や人員では不可能である。同州では、一日に一五〜二〇件の追加があり、データの処理に追われ、押収まで手が回らない。また拳銃のみの照合であり、ライフルやショットガンは対象とされていないという。

バージニア州の取り組みをみておこう。二〇〇七年四月、三二名の犠牲者を出した、バージニア工科大学乱射事件では、現場で自殺したスング・フイ・チョー（Seung-Hui Cho）は合法的に銃器を購入し、犯行に及んでいる。この背景には、連邦法と州法のちがいがあった。

二〇〇五年一月、同大女学生二名の苦情により、裁判所はチョーに保健センターの精神科の検診を受けさせた。同時に、法定審問において、精神疾患により「本人自身に対する、差し迫った危険」と宣告し、外来治療を命じた。もし連邦法を適用するならば、たとえ入院を命令されなくとも、この宣告だけで銃保有の資格剥奪に相当する。

しかしバージニア州法は精神疾患による資格剥奪について、二つのカテゴリーを設けている。それらは「本人の意思に反して精神病施設に収容された者」と「精神的に無能な（意思決定能力を失った）者」である。したがって「本人に対する、差し迫った危険」だけを宣告されたチョーのケースは資格剥奪に相当せず、裁判所は州警察に報告しなかったという。

事件後、当時のバージニア州知事ティム・ケイン（共和党）は知事令を出し、規定を連邦法と一致させた。二〇一〇年末の時点で、同州は一〇万人のデータをＦＢＩに提供している。

いずれにしてもＦＢＩの犯罪歴チェックシステムは不完全でしかない。その原因の一つは資金不足である。二〇〇八〜一三年の六年分として、連邦議会が捻出した予算は、わずか一三億ドルでしかない。データを提供するための費用が連邦の補助金を超える州もある。

他の原因としては、プライバシーの問題、判定者の資格や権限の問題があり、単純ではない。精神病者の市民権にかかわる問題でもあるので、ガン・ライツ派だけでなく、人権団体などが、差別や偏見の可能性を指摘し、反対している。銃規制の厳しい州であっても、これらの理由から、ＦＢＩの犯罪歴チェックシステムにデータを提供しない州もある。

このように州レベルでは、許可証の発行、銃やマガジンのタイプ、携行の方法や場所、正当防衛の拡大解釈、精神病や薬物中毒の対策など、さまざまな分野で試行錯誤が繰り返されている。ここにも本書の大きな問いに対する答えがいくつかある。たとえば、州の独立性により、連邦の規制に従わない州や内容の異なる規制法をもつ州がある。結果として、精神病患者への対応がすすまない。ブルーステイトで銃規制をすすめたとしても、近隣のレッドステイトがすすめるガン・ライツの強化によって、その効果は台無しになる。

以上で、アメリカ政治の基本的な視点を押さえながら、建国から現在にいたるまで、また連邦から州にいたるまで、銃イシューを一気に概観する作業は終わりである。

おわりに

一　アメリカで銃規制がすすまない理由

銃による暴力を防ぐには銃しかないのだろうか。銃による犠牲がピークを迎えた、まさにそのとき、アメリカ全体が銃への依存をさらに強めようとしている。なぜそのような選択しかないのか。大きな問いへの答えとして、これまで章ごとに示した答えをまとめておきたい。アメリカには、「銃をもつほうが安全」だから銃規制を望まないガン・ライツ派の人たちと、犯罪者など不適切な人物が銃器を入手できないように銃規制を強化すべきだと考える銃規制派の人たちがいる。両派は対立関係にあるが、ガン・ライツ派が多数派を占めている。

ガン・ライツ派は合衆国憲法によって守られている。修正第二条が保障する銃を保有・携行する権利は「権利章典」にふくめられ、政府が侵害できない個人の権利として位置づけられている。したがってガン・ライツ派は多数派に加えて護憲を主張する有利な立場にある。逆に、銃規制派は常に憲法違反のリスクをかかえる不利な体勢を強いられている。ただし修正第二条は原則であり、保有・携行の詳細は連邦最高裁がこれから判断していくことになる。

ガン・ライツ派と銃規制派の対立は「保守主義、共和党」と「リベラル、民主党」という対立に重なる。つまり銃イシューはアメリカ政治の基本的な対立構造に完全に組み込まれている。そして近年の二極化の流れのなかで、ガン・ライツ派と銃規制派もまた対立をさらに深め、歩み寄りの気配がまったくみられない。政治化された分、解決が遠のいている。

アメリカという広大な国は、イデオロギー、党派性、銃イシューの観点から色分けすると、「保守、共和党、ガン・ライツ」の支持者が多数派を占める「ミッドウェストとサウス」のレッドステイトと、「リベラル、民主党、銃規制」の支持者が多数派を占める「ノースイーストとウェスト」のブルーステイトとに分かれる。とくに「ミッドウェストとサウス」には、移民が持ち込んだ暴力を肯定する文化的伝統があり、それは正当防衛を拡大解釈する州法に反映されている。この色分けは州内の農村部と都市部のちがいにもあてはまる。

ビジネス界は概して「保守主義、共和党」支持の立場をとるが、銃イシューについては、飲食チェーンをはじめ、銃規制を支持する業界が多い。しかし銃産業や関連産業は堅調な展開をみせている。ペンタゴン、ＦＢＩ、ローカルの警察の需要など、防衛と治安のための需要が絶えることがない。余剰生産は文民仕様とされ、市民の需要に応え、その権利の実現に貢献している。銃撃事件や政府による銃規制の提案はむしろ売り上げ増加につながる。また技術革新により、銃器の殺傷能力を年々高めているだけでなく、規制を迂回する技術力もある。加えて、製造者責任や販売責任の追及を免れているなど、連邦法にも守られている。

銃イシューにおける両派は、有権者もビジネスも、市民団体や業界団体によって、それぞれ政治力に組織化され、啓蒙活動や選挙運動やロビー活動に動員される。ＮＲＡをはじめガン・ライツ派の団体はその強力な動員力や資金力を使い、連邦議会、大統領、行政、そして最高裁裁判官の指名にまで、影響を及ぼす。啓蒙活動や選挙活動により、ガン・ライツ拡大の立法を公約する候補者を当選させ、銃規制を唱える候補者を落選させようとする。当選後もロビー活動を展開し、議員の議決や発言を監視する。公約に反した場合には、再選のさいに報復する。議会をコントロールするだけでなく、ＮＲＡは取締り機関を抑え込むことにも成功している。他方銃規制派には、ＮＲＡに匹敵する団体がないため、政治力で遅れをとっている。

連邦議会の構成は有権者や利益団体の意向が反映されるため、銃規制派が多数を占めることは難しい。たとえ銃規制派の民主党が多数派を占めたとしても、レッドステイト選出や農村部選出の議員が造反したり、共和党議員がフィリバスター（議事進行妨害）を行使したりして、銃規制法案を葬ることが多く、たとえ成立したとしても必ず抜け道が用意されている。結果として、銃規制がすすむはずがない。逆に、ガン・ライツの名のもとに危険人物や悪徳業者にまで銃の権利を保障し、ＡＴＦや警察をはじめ、法執行機関の取締りや捜査を妨げる立法をしている。

大統領は、立法権をもたないが、銃撃事件のたびに銃規制の立法を連邦議会に要請する。しかしことごとく否定され、遺族を慰問するにとどまる。また取締り機関の場合、捜査妨害に等しい連邦法により、予算や人員だけでなく、捜査力そのものを削がれている。そのため、十分な取締りができないだけでなく、リスクの高いおとり捜査に頼り、失策を重ねている。

連邦最高裁は、近年、修正第二条の解釈に決着をつけ、銃の保有・携行を、連邦政府も州政府も侵害できない、個人の権利として保障した。同時に「厳しすぎる」州法に違憲判決を下した。この判決によって、「やむを得ない事情」がない限り、銃の保有・携行を一〇〇％禁止する立法は不可能になった。それは銃撃の犠牲者やその遺族の願いよりも、憲法の「初志」を貫いたことになる。ただし最高裁がこの判決で認めたのは自宅における自由な保有・携行だけである。その他の条件については、目下、両派の間で活発な論争が展開され、そのいくつかは訴訟として最高裁にとどき、そのつど一つずつ、詳細が決められていく。その闘いは長く続く。

論争が活発化した州レベルでは、許可証の発行、銃やマガジンのタイプ、携行の方法や場所、正当防衛の拡大解釈、精神疾患や薬物中毒の対策、連邦政府の犯罪歴チェックへの協力など、さまざまな分野で試行錯誤が繰り返されている。レッドステイトでは銃をもつことで自衛力を高めるための州法が成立し、一部のブルーステイトでは、精神病患者など不適切な人物に銃を入手させないための、規制強化の州法が成立している。しかし近隣のレッドステイトがすすめる規制緩和によって、その効果を削がれている。一部の州の規制強化では意味がない。

このように憲法規定や多数派を背景にガン・ライツ派は参加型民主主義のプロセスを支配し、連邦でも州でも、あらゆる規制法の成立を阻止している。これが大きな問題の答えである。

三　改善の前提条件

アメリカの銃イシューは、ガン・ライツ派と銃規制派が対立を深めているだけで、両者が共有できる妥協点を見つけられず、政治的解決の見通しは立たない。その間に犠牲は増える。まさにデッド・ロックの状態にある。

しかし改善のきっかけとなりそうな、小さな兆しがまったくないわけではない。

たとえば、マイクロ・スタンピングの導入など、テクノロジーの進歩に期待する人たちがいる。銃弾の規制を提案する人たちもいる。フェイスブックが銃の広告をいっさい禁止するなど、オンラインの売買における自主規制の動きもある。

銃規制派の団体の成長もある。たとえばブルームバーグの団体が創設以来、資金力をつけ、コネティカット州など、ブルーステイトで、とくに二〇一五年の後半から、規制強化の州法を成立させている[NYT: Jan 3, 16]。NBAのスター選手を起用した三〇秒間のテレビ広告がスパイク・リー監督によって作られ、ESPNで放送されたこともある。

確かにこれらの小さな動きが事態を少しずつ改善していくかもしれない。しかしいずれも一方的に銃規制をめざすため、ガン・ライツ派の妨害にあい、効果的な進展を期待できない。

これに対して、両派が合意できる調査・研究の活動も考えられないわけではない。今のところ、CDCが銃暴力の調査・研究に連邦資金を使うことは、銃規制のためだとみなされるため、CDCのような連邦の公衆衛生専門の機関には認められていない。しかしガン・ライツを守るための調査・研究と組み合わせることで、ガン・ライツ派の合意を得ることができるかもしれない。連邦機関による公衆衛生アプローチをすすめるにしても、このような両派のバランスをとる姿勢が、オーストラリアのように、特定タイプの銃の禁止、当局による買い戻しの義務づけ、身元確認の強化、精神病対策など、本格的な銃規制を始める前に必要である[WP: Mar 7, 16]。

連邦機関による公衆衛生アプローチは、銃暴力以外の分野で成功を収めていることもあり、改善策の有望株だといえる。たとえば、タバコ自体を禁止することなく喫煙率を半減させることに成功した課税という方策がある。車を減らすことなく、自動車事故死を激減させることに成功した技術革新や交通法規という方策もある。シートベルトやエアーバッグなど技術革新や、また信号や車線や道路障壁など道路改良により、人口一〇万人当たりの犠牲者数は一九七〇年の二六から二〇一四年の一〇へと下がり、銃による犠牲者の割合を下回った[WP: Dec 17, 15]。

同じように、スマート・ガンなどの技術開発や精神疾患の治療に十分な予算をつけ、調査・研究をすすめることで、銃の権利を侵害せずに犠牲者を減らす解決策が見つかるかもしれない。

三　新たな社会イシューに向けて

これまでみてきたように、アメリカにおける銃イシューは、ガン・ライツ派と銃規制派に分かれて、対立したまま、犠牲を出し続けている。最高裁による銃の保有・携行を個人に認める判決は、むしろ対立に油を注ぐことになり、犠牲をとめる解決を模索する気配はみられない。

避妊・中絶、ゲイ・ライツなど、他の重要な社会イシューにも同じような状況がみられる。

たとえば避妊・中絶については、女性の自立を主張するプロ・チョイス派と胎児の生命を尊重するプロ・ライフ派ががっぷり四つに組み、対立を続けている。一九七三年、連邦最高裁が妊娠二四週以前の中絶について、合衆国憲法が示唆する「プライバシーの権利」に基づいて、女性の選択権を認める判断を下して以来、四〇年を過ぎても、対立がおさまらない。

その間、連邦法は連邦の資金の使用を禁止する、妊娠後期の特定の中絶手術法を禁止するなど、制限する立法をしてきた。プロ・ライフ派の強いレッドステイトでは、中絶にさまざまな条件を設ける立法をしている。たとえば、中絶可能期間を短縮する、七二時間の待機時間の義務づけ、超音波診断(胎児の映像を見て心音を聞く)やカウンセリングの義務づけなどがそうである。近年、プロ・ライフ派はこれまでの「胎児の生命」に「母体の健康」を加え、クリニックの設備や衛生の基準を高める州法を成立させ、二〇一六年、そのテキサス州法が最高裁で争われることになった。また緊急避妊薬は避妊と中絶の境を曖昧にし、その販売基準をめぐる新たな対立の前線もできている。

ゲイ・ライツについては、医学的にエイズの進行を抑える目処が立った一九九〇年代後半から、大きな動きをみせていている。ゲイ・ライツを支持する運動の内部で、運動の目標がＨＩＶ感染の治療やエイズ患者への差別解消から、平等な市民権の獲得へと変化した。とくに軍隊における差別の解消や同性婚の権利を唱える運動が中心となったのである。

このイシューにおいても、賛成派と反対派に分かれ対立が続いているが、この一五年ほどの間に、性的マイノリティの権利を認める方向に大きく傾いている。

二〇一三年、二〇一五年、連邦最高裁は相次いで、同性婚の承認に向けた判断を下し、結婚を男女に限定する連邦法「結婚保護法」に違憲判決を下した。ちなみに、連邦議会は、二〇一〇年、同性愛者に対する入隊制限法の廃止を決定している。

州レベルでは、ブルーステイトやワシントンＤＣで、同性婚を認めたり、いわゆる内縁関係を認めたりする州法が次々と誕生している。しかしレッドステイトでは、結婚のライセンスを発行する公務員が「良心的拒否」を訴える、あるいは同じ理由からカメラマンやケーキ職人が結婚式の仕事を引き受けないなど、新たな問題が生まれている。

これらの社会イシューについても、本書と同じように、解説するチャンスを待ちたい。

あとがき

私事ながら、ここ一〇年ほど、勤務先の大学で、アメリカ政治の講義やゼミを担当している。学部では講義の最初に、前週のトピックとして記事の一部を紹介している。内容そのものに加えて、フォト、グラフ、地図なども気が利いていてわかりやすく、重宝している。また大学院では前週の気になる記事というテーマで、履修者とともに、報告し合っている。六〇歳を超えた方が二人参加している。

また学部ではアメリカへの短期フィールドワークを実施・引率している。ミネソタ州の姉妹校CSB/SJU大学に寄宿し、チャーターしたバスで各地をまわる。シューティング・レインジ(実射なし)、中絶クリニック、ゲイ・ライツ団体、マリファナ栽培農家、礼拝所(教会、シナゴーグ、モスク)、インディアン・カジノ、遺伝子組み換え作物農家、ロボティック・ミルカー、ファースト・フード店など、訪問先のメニューは充実している。ニューヨークやロサンジェルスなど、誰もが一度は行きたい場所ではない。地方の中小都市であるが、格安の滞在費と交通費で、短期間のうちに集中的にまわる。同大の教職員が、学生を暖かく迎えてくれる。これもまた、アメリカ社会の今を楽しむ方法だと思う。

これらの講義、ゼミ、フィールドワークを準備するために、毎日、オンラインの新聞に目を通してきた。最初は記事が多すぎて戸惑ってしまったが、いつのまにかそれは楽しみに変わり、毎朝どんな面白いストーリーが始まるのか、わくわくするようになっている。まるで終わりのない連載小説を（イシュー別に）いくつも読んでいるようで、退屈する暇がない。確かに大統領選挙の年など、連日めまぐるしく変わる情勢の報道が続き、処理する情報がかさばってくると、眼も疲れるし、つらく感じるときもある。しかしこんなハードな楽しみ方はそう長くは続かないと思うと、今日も、惜しむような気持ちでモニターに向かっている。

銃イシューについても、この日課からたくさんの情報が集まった。オンラインの新聞記事に加えて、政府や団体の報告書、統計にもあたった。また渡米のさいに、何度かシューティング・レインジに通い、ハンドガンとライフルを実射した。本書はまさにそうしたデータ収集と体験から生まれている。

ガン・カルチャーをはじめ、アメリカ人の自衛や安全の感覚は私たちものとはちがう。それを知るうえで本書は役立つかもしれない。また若い人たちが政治に関心をもつきっかけになると嬉しい限りである。

最後になったが、家族に感謝する。

Jan 6, 16, Bayer, Michael, "For U.S. Catholic bishops, now is the time to speak up on gun violence"
https://www.washingtonpost.com/news/acts-of-faith/wp/2016/01/06/for-u-s-catholic-bishops-now-is-the-time-to-speak-up-on-gun-violence/
Last accessed 7 Jan 16

Feb 26, 16, Ingraham, Christopher, "Tennessee's new official state rifle is so powerful it can 'destroy commercial aircraft'"
https://www.washingtonpost.com/news/wonk/wp/2016/02/26/tennessees-new-official-state-rifle-is-so-powerful-it-can-destroy-commercial-aircraft/?hpid=hp_hp-more-top-stories_tenn-gun-950am%3Ahomepage%2Fstory Last accessed 27 Feb 16

Mar 7, 16, Ingraham, Christopher, "Gun control: What works, what doesn't and what remains open for debate"
https://www.washingtonpost.com/news/wonk/wp/2016/03/07/gun-control-what-works-what-doesnt-and-what-remains-open-for-debate/
Last accessed 8 Mar 16

法務省

2014.11「平成26年版犯罪白書のあらまし」
http://www.moj.go.jp/housouken/housouken03_00077.html
Last accessed 30 Oct 15

https://www.washingtonpost.com/news/wonk/wp/2015/12/03/one-map-shows-why-americas-gun-violence-is-so-much-worse-than-anywhere-else/ Last accessed 4 Dec 15

Dec 3, 15b, Ignatius, David, "The one clear lesson of San Bernardino: Block access to the deadliest weaponry" https://www.washingtonpost.com/opinions/the-one-clear-lesson-of-san-bernardino-block-access-to-the-deadliest-weaponry/2015/12/03/5d22c626-9a08-11e5-8917-653b65c809eb_story.html?hpid=hp_no-name_opinion-card-f%3Ahomepage%2Fstory Last accessed 4 Dec 15

Dec 3, 15c, Tankersley, Jima and Scott Clement, "What gun control advocates don't understand about gun owners" https://www.washingtonpost.com/news/wonk/wp/2015/12/03/what-gun-control-advocates-misunderstand-about-gun-owners/ Last accessed 4 Dec 15

Dec 3, 15d, Hornaday, Ann, "Spike Lee takes on gun violence with passion and bold creativity in 'Chi-Raq'" https://www.washingtonpost.com/goingoutguide/movies/spike-lee-takes-on-gun-violence-with-passion-and-bold-creativity-in-chi-raq/2015/12/02/5f13d7fa-9845-11e5-94f0-9eeaff906ef3_story.html?hpid=hp_hp-more-top-stories_chi-raq-review540pm%3Ahomepage%2Fstory Last accessed 4 Dec 15

Dec 4, 15, Rucker, Philip and Sean Sullivan, "Gun rights? Try gun pride: GOP candidates display firearms machismo" https://www.washingtonpost.com/politics/gun-rights-try-gun-pride-gop-candidates-display-firearms-machismo/2015/12/04/1f24fa12-9ab5-11e5-94f0-9eeaff906ef3_story.html?hpid=hp_hp-top-table-main_gopguns824pm%3Ahomepage%2Fstory Last accessed 5 Dec 15

Dec 17, 15, Igraham, Christopher, "Guns are now killing as many people as cars in the U.S." https://www.washingtonpost.com/news/wonk/wp/2015/12/17/guns-are-now-killing-as-many-people-as-cars-in-the-u-s/?hpid=hp_hp-more-top-stories_wonkblog-guns-3pm%3Ahomepage%2Fstory Last accessed 18 Dec 15

Dec 29, 15, Ingraham, Christopher, "Where guns used in crimes come from" https://www.washingtonpost.com/news/wonk/wp/2015/12/29/where-guns-used-in-crimes-come-from/ Last accessed 30 Dec 15

left"
http://www.washingtonpost.com/news/act-four/wp/2015/02/24/hollywoods-frayed-relationship-with-the-left/?hpid=z3
Last accessed 25 Feb 15

Mar 10, 15, Bump, Philip, "Republicans are twice as likely as Democrats to live in a household with a gun"
http://www.washingtonpost.com/blogs/the-fix/wp/2015/03/10/republicans-are-twice-as-likely-as-democrats-to-live-in-a-household-with-a-gun/ Last accessed 11 Mar 15

Oct 9, 15, Jaffe, Greg, "Obama meets with families of Ore. shooting victims in low-key visit"
https://www.washingtonpost.com/politics/obama-meets-with-families-of-ore-shooting-victims-in-low-key-visit/2015/10/09/b41a5f6e-6ebd-11e5-b31c-d80d62b53e28_story.html Last accessed 10 Oct 15

Oct 19, 15, Sellers, Frances Sead, "Cruz campaign paid $750,000 to 'psychographic profiling' company"
https://www.washingtonpost.com/politics/cruz-campaign-paid-750000-to-psychographic-profiling-company/2015/10/19/6c83e508-743f-11e5-9cbb-790369643cf9_story.html Last accessed 20 Oct 15

Oct 31, 15, Gibbons-Neff, Thomas and Adam Goldman, "FBI returns to 9mm rounds, once shunned as ineffective"
https://www.washingtonpost.com/world/national-security/fbi-moves-back-to-the-9mm-round-which-it-once-shunned-as-ineffective/2015/10/31/d7d0b994-7e80-11e5-afce-2afd1d3eb896_story.html Last accessed 1 Nov 15

Nov 3, 15, Ingraham, Christopher, "Record numbers of people are trying to bring loaded guns on planes"
https://www.washingtonpost.com/news/wonk/wp/2015/11/03/record-numbers-of-people-are-trying-to-bring-loaded-guns-on-planes/
Last accessed 4 Nov 15

Dec 2, 15, Fung, Brian, "Two gun makers' stocks jumped after the San Bernardino shooting"
https://www.washingtonpost.com/news/wonk/wp/2015/12/02/two-gun-makers-stocks-jumped-after-the-san-bernardino-shooting/
Last accessed 3 Dec 15

Dec 3, 15a, Swanson, Ana and Kennedy Elliott, "One map shows why America's gun violence is so much worse than anywhere else" http://www.washingtonpost.com/local/education/family-in-anne-arundel-pastry-gun-case-loses-school-board-appeal/2014/10/15/a8061af0-54ac-11e4-ba4b-f6333e2c0453_story.html Last accessed 16 Oct 14

Nov 8, 14, Blake, Aaron, "Why the NRA is so powerful, in 1 chart" http://www.washingtonpost.com/blogs/the-fix/wp/2014/11/08/why-the-nra-is-so-powerful-in-1-chart/ Last accessed 9 Nov 14

Nov 6, 14, Wilson, Reid, "Abortion restrictions on Tennessee's agenda" http://www.washingtonpost.com/blogs/govbeat/wp/2014/11/06/abortion-restrictions-on-tennessees-agenda/ Last accessed 7 Nov 14

Nov 8, 14, Itkowitz, Colby, "What do your local shopping options say about your area's politics?"
http://www.washingtonpost.com/blogs/in-the-loop/wp/2014/11/08/what-do-your-local-shopping-options-say-about-your-areas-politics/
Last accessed 9 Nov 14

Nov 10, 14, Schwarz, Hunter, "Arizona passed a measure letting it ignore the federal government"
http://www.washingtonpost.com/blogs/govbeat/wp/2014/11/10/arizona-passed-a-measure-letting-it-ignore-the-federal-government/
Last accessed 11 Nov 14

Dec 1, 14, Schwarz, Hunter, "Utah could make more than $300 million a year if it took over federally controlled land"
http://www.washingtonpost.com/blogs/govbeat/wp/2014/12/01/utah-could-make-more-than-300-million-a-year-if-it-took-over-federally-controlled-land/ Last accessed 2 Dec 14

Jan 13, 15, Rosenwald, Michale S., "Guntry clubs target a new breed of shooter: younger, more affluent and female"
http://www.washingtonpost.com/local/guntry-clubs-target-a-new-breed-of-shooter-younger-more-affluent-and-female/2015/01/13/47c967e0-9800-11e4-aabd-d0b93ff613d5_story.html
Last accessed 14 Jan 15

Feb 4, 15, Schwarz, Hunter, "Blue America dominates the Grammys — except in one (unsurprising) category"
http://www.washingtonpost.com/blogs/the-fix/wp/2015/02/04/blue-america-dominates-the-grammys-except-in-one-unsurprising-category/
Last accessed 5 Feb 15

Feb 24, 15, Rosenberg, Alyssa, "Hollywood's frayed relationship with the

Last accessed 8 Jul 14
Jul 24, 14, Blake, Aaron, "Third-party candidates are getting noticed in some key Senate races. History shows they'll fade at the end" http://www.washingtonpost.com/blogs/the-fix/wp/2014/07/24/third-party-candidates-are-getting-noticed-in-some-key-senate-races-history-shows-theyll-fade-at-the-end/ Last accessed 25 Jul 14
Jul 28, 14, Blake, Aaron, "What our cats and dogs say about our politics" http://www.washingtonpost.com/blogs/the-fix/wp/2014/07/28/what-our-cats-and-dogs-say-about-our-politics/ Last accessed 29 Jul 14
Aug 1, 14, Ferris, Sarah and Jessica Boehm, "In Arizona and Connecticut, disparate responses to mass shootings" http://www.washingtonpost.com/blogs/govbeat/wp/2014/08/01/in-arizona-and-connecticut-disparate-responses-to-mass-shootings/ Last accessed 2 Aug 14
Aug 23, 14, Balz, Dan, "Why so many Americans hate politics" http://www.washingtonpost.com/politics/why-so-many-americans-hate-politics/2014/08/23/e56dbaf0-18d5-11e4-9e3b-7f2f110c6265_story.html Last accessed 24 Aug 14
Aug 25, 14, Volokh, Eugene, "California 10-day waiting period to buy gun violates the Second Amendment, as to people who are known to the state to already own guns" http://www.washingtonpost.com/news/volokh-conspiracy/wp/2014/08/25/california-10-day-waiting-period-to-buy-gun-violates-the-second-amendment-as-to-people-who-are-known-to-the-state-to-already-own-guns/ Last accessed 26 Aug 14
Sept 5, 14, Larimer, Sarah, "What can violence in Chicago teach doctors in the Navy?" http://www.washingtonpost.com/news/post-nation/wp/2014/09/05/how-bad-is-the-gun-violence-in-chicago-navy-doctors-are-now-training-there/ Last accessed 6 Sept 14
Sept 17, 14, Wilson, Reid, "Study: Online gun sales open market to buyers who would fail a background check" http://www.washingtonpost.com/blogs/govbeat/wp/2014/09/17/study-online-gun-sales-open-market-to-buyers-who-would-fail-a-background-check/ Last accessed 18 Sept 14
Oct 15, 14, St. George, Donna, "Family in Anne Arundel pastry gun case loses school board appeal"

Jul 19, 13, Eilperin, Juliet, "State officials balk at defending laws they deem unconstitutional"
http://www.washingtonpost.com/politics/state-officials-balk-at-defending-laws-they-deem-unconstitutional/2013/07/18/14cf86ce-ee2b-11e2-9008-61e94a7ea20d_story.html?hpid=z3
Last accessed 19 Jul 13

Sept 23, 13, Staff, "Deadliest U.S. shootings"
http://www.washingtonpost.com/wp-srv/special/nation/deadliest-us-shootings/ Last accessed 14 Sept 14

Nov 12, 13a, Cillizza, Chris, "Can the Obama coalition be recreated in 2016? A new poll says yes"
http://www.washingtonpost.com/blogs/the-fix/wp/2013/11/12/can-the-obama-coalition-be-recreated-in-2016-maybe/
Last accessed 14 Nov 13

Nov 12, 13b, Sides, John, "Most Americans live in Purple America, not Red or Blue America"
http://www.washingtonpost.com/blogs/monkey-cage/wp/2013/11/12/most-americans-live-in-purple-america-not-red-or-blue-america/
Last accessed 14 Nov 13

Dec 29, 13a, Balz, Dan, "Red, blue states move in opposite directions in a new era of single-party control"
http://www.washingtonpost.com/politics/red-blue-states-move-in-opposite-directions-in-a-new-era-of-single-party-control/2013/12/28/9583d922-673a-11e3-ae56-22de072140a2_story.html
Last accessed 29 Dec 13

Dec 29, 13b, Balz, Dan, "Texas, California embody red-blue divide"
http://www.washingtonpost.com/politics/texas-california-embody-red-blue-divide/2013/12/28/d6d4d7ee-6764-11e3-ae56-22de072140a2_story.html Last accessed 29 Dec 13

May 29, 14, Kamen, Al, "Obama makes his mark on the appeals courts"
http://www.washingtonpost.com/politics/obama-makes-his-mark-on-the-appeals-courts/2014/05/28/ce539fd4-e68e-11e3-afc6-a1dd9407abcf_story.html Last accessed 29 May 14

Jul 7, 14, Berman, Mark, "Dozens of shootings in Chicago over holiday weekend"
http://www.washingtonpost.com/news/post-nation/wp/2014/07/07/dozens-of-shootings-in-chicago-over-holiday-weekend/?hpid=z3

Nov 3, 09, Fahrenthold, David A. and Fredrick Kunkel, "Ammunition sales hit record high in first year of Obama administration" http://www.washingtonpost.com/wp-dyn/content/article/2009/11/02/AR2009110202712.html?hpid=topnews Last accessed 3 Nov 09

Dec 15, 10, Andrews, Wilson, et al., "The NRA's electoral influence" http://www.washingtonpost.com/wp-srv/special/nation/guns/nra-endorsements-campaign-spending/ Last accessed 16 Dec 10

Jan 12, 11, Staff, "Gun violence and legislation: Cause and effect" http://www.washingtonpost.com/wp-dyn/content/graphic/2011/01/11/GR2011011108042.html Last accessed 12 Apr 14

Apr 19, 11, AP, "Kindergartner brings gun to Texas school, 3 injured by fragments when gun accidentally fires" http://www.washingtonpost.com/national/several-students-injured-after-6-year-old-brings-loaded-gun-to-houston-elementary-school/2011/04/19/AFSlB15D_story.html?hpid=z2 Last accessed 20 Apr 11

Dec 21, 12, Chow, Emily and Todd Lindeman, "A breakdown of gun homicides by State" http://www.washingtonpost.com/wp-srv/special/nation/gun-homicides-ownership/ Last accessed 4 Mar 13

Feb 18, 13, St. George, Donna, "Mother of Va. boy who was arrested over toy gun criticizes case's handling" http://www.washingtonpost.com/local/education/mother-of-va-boy-who-was-arrested-over-toy-gun-criticizes-cases-handling/2013/02/17/02c0bf6e-7704-11e2-95e4-6148e45d7adb_story.html Last accessed18 Feb 13

Mar 20, 13, Staff, "A Guide to guns" http://www.washingtonpost.com/wp-srv/special/national/guide-to-guns/ Last accessed 21 Mar 13

Mar 22,13, Keating, Dan, "Gun deaths shaped by race in America" http://www.washingtonpost.com/sf/feature/wp/2013/03/22/gun-deaths-shaped-by-race-in-america/?hpid=z2 Last accessed 24 Mar 13

May 3, 13, Rosenwald, Michael S., "For sale at gun shows: Stuff that has nothing to do with guns" http://www.washingtonpost.com/local/for-sale-at-gun-shows-stuff-that-has-nothing-to-do-with-guns/2013/05/02/87f96dc0-b1e2-11e2-bbf2-a6f9e9d79e19_story.html?hpid=z2 Last accessed 3 May 13

Your Ground' Backer Retreats, and New Bills Stall"
http://online.wsj.com/article/SB10001424052702304818404577350291211783100.html Last accessed 18 Apr 12

Jun 25, 13, Alvila, Joseph and Josh Dawsey, "Conn. Gun Maker to Go South: Gun Manufacturer Is Set to Move Operations to South Carolina"
http://online.wsj.com/article/SB10001424127887324183204578567843352719674.html Last accessed 26 Jun 13

Mar 5, 14, Elder, Jeff, "Facebook Cracks Down on Illegal Guns Posts: Web Site Bows to Pressure From Anti-Violence Groups"
http://online.wsj.com/news/articles/SB10001424052702304732804579421680522756074?mod=WSJ_WSJ_US_News_10_5& mg=reno64-wsj&url=http%3A%2F%2Fonline.wsj.com%2Farticle%2FSB10001424052702304732804579421680522756074.html%3Fmod%3DWSJ_WSJ_US_News_10_5 Last accessed 7 Mar 14

Mar 20, 14, Meckler, Laura and Dante Chinni, "City vs. Country: How Where We Live Deepens the Nation's Political Divide"
http://online.wsj.com/news/articles/SB10001424052702303636404579395532755485004?mg=reno64-wsj& url=http%3A%2F%2Fonline.wsj.com%2Farticle%2FSB10001424052702303636404579395532755485004.html Last accessed 21 Mar 14

Oct 2, 14, AP, "Arizona Gun Range Death Ruled Accidental: Coroner Says Preliminary Findings Unchanged in Case of Man Shot by Girl With Uzi"
http://online.wsj.com/articles/arizona-gun-range-death-ruled-accidental-1412276953 Last accessed 3 Oct 14

Feb 20, 15, Chinni, Dante, "Where 'American Sniper' Most Dominates Facebook Chatter"
http://blogs.wsj.com/washwire/2015/02/20/where-american-sniper-most-dominates-facebook-chatter/ Last accessed 23 Feb 15

Jan 6, 16, Elinson, Zusha, "Training Programs to Survive Mass Shooting Attacks Grow in Appeal. Training has long been held for police, schools and businesses. Now there is increasing demand from the public at large"
http://www.wsj.com/articles/training-programs-to-survive-mass-shooting-attacks-grow-in-appeal-1452108760 Last accessed 7 Jan 16

WP (*The Washington Post*)

Jan 3, 16, Lichtblau, Eric, "State Focus and Infusion of Funding Buoy Gun Control Advocates"
http://www.nytimes.com/2016/01/04/us/politics/state-focus-and-infusion-of-funding-buoy-gun-control-advocates.html?hp&action=click&pgtype=Homepage&clickSource=story-heading&module=first-column-region&region=top-news&WT.nav=top-news&_r=0
Last accessed 4 Jan 16

Jan 4, 16, Shear, Michael D. and Eric Lichtblau, "Obama to Expand Gun Background Checks and Tighten Enforcement"
http://www.nytimes.com/2016/01/05/us/politics/obama-says-he-will-act-on-gun-control-in-coming-days.html?hp&action=click&pgtype=Homepage&clickSource=story-heading&module=first-column-region&region=top-news&WT.nav=top-news Last accessed 5 Jan 16

Jan 26, 16, Williams, Timothy, "Some Officers Bristle at Recall of Military Equipment"
http://www.nytimes.com/2016/01/27/us/some-sheriffs-bristle-at-recall-of-military-equipment.html?hp&action=click&pgtype=Homepage&clickSource=story-heading&module=second-column-region&region=top-news&WT.nav=top-news Last accessed 27 Jan 16

Feb 7, 16, Lichtblau, Eric and Michael D. Shear, "Obama's Lofty Plans on Gun Violence Amount to Little Action"
http://www.nytimes.com/2016/02/08/us/politics/obamas-lofty-plans-on-gun-violence-amount-to-little-action.html?hp&action=click&pgtype=Homepage&clickSource=story-heading&module=first-column-region&region=top-news&WT.nav=top-news Last accessed 8 Feb 16

UT (*The USA Today*)

Dec 2, 13, Staff, ", Mass shootings toll exceeds 900 in past seven years"
http://www.usatoday.com/story/news/nation/2013/02/21/mass-shootings-domestic-violence-nra/1937041/ Last accessed 4 Feb 14

WSJ (*The Wall Street Journal*)

Mar 30, 12, Palazzolo, Joe and Rob Barry, "More Killings Called Self-Defense"
http://online.wsj.com/article/SB10001424052702303404704577311873214574462.html Last accessed 31 Mar 12

Apr 17, 12, Campo-Flores, Arian, Joe Palazzolo and Mike Esterl, "'Stand

http://dealbook.nytimes.com/2013/12/08/cerberus-gun-makers-owner-to-offer-a-way-out-to-its-investors/?ref=business
Last accessed 9 Dec 13

Dec 10, 13, Yourish, Karen, Wilson Andres, Larry Buchanan and Alan McLean, "State Gun Laws Enacted in the Year Since Newtown"
http://www.nytimes.com/interactive/2013/12/10/us/state-gun-laws-enacted-in-the-year-since-newtown.html?ref=us
Last accessed 15 Dec 13

Jan 1, 14, Parker, Ashley, "Hawaii Tourists Revel in Sun, Surf and Semiautomatics"
http://www.nytimes.com/2014/01/02/us/to-some-tourists-hawaii-means-sun-surf-and-semiautomatics.html?_r=　Last accessed 19 Aug 16

May 7, 14, Healy, Jack,"In Youth's Death, Some See a Montana Law Gone Wrong"
http://www.nytimes.com/2014/05/08/us/missoula-montana-homeowner-shoots-teenager-in-garage.html?hp　Last accessed 8 May 14

Oct 18, 14, Savage, Charlie, "Obama Could Reaffirm a Bush-Era Reading of a Treaty on Torture"
http://www.nytimes.com/2014/10/19/us/politics/obama-could-reaffirm-a-bush-era-reading-of-a-treaty-on-torture.html?ref=us
Last accessed 19 Oct 14

Oct 21, 14, Calvert, Scott, "Maine Set to Vote on Bear-Hunting Methods: Referendum Pits Humane Society Against Sports Groups and State Wildlife Officials"
http://online.wsj.com/articles/maine-set-to-vote-on-bear-hunting-methods-1413936355　Last accessed 22 Oct 14

Nov 30, 15, Editorial Board, "Packing Guns in the Day Care Center"
http://www.nytimes.com/2015/11/30/opinion/packing-guns-in-the-day-care-center.html?action=click&pgtype=Homepage&version=Moth-Hidden&moduleDetail=inside-nyt-region-11&module=inside-nyt-region&region=inside-nyt-region&WT.nav=inside-nyt-region
Last accessed 1 Dec 15

Dec 3, 15, Editorial Board, "A depressingly endless loop of mass shootings"
https://www.washingtonpost.com/opinions/a-depressingly-endless-loop-of-mass-shootings/2015/12/03/2c69897c-99f7-11e5-94f0-9eaff906ef3_story.html?hpid=hp_no-name_opinion-card-c%3Ahomepage%2Fstory　Last accessed 4 Dec 15

Aug 16, 14, Korth, Robby and Justine McDaniel, "Nullification Laws: In eight states, politicians have successfully moved to void U.S. federal gun laws"
http://gunwars.news21.com/data/#pub Last accessed 15 Sept 14

NYT (*The New York Times*)

Jan 13, 08, Liptak, Adam, "A Militia of One (Well Regulated)"
http://www.nytimes.com/2008/01/13/weekinreview/13liptak.html?ref=guncontrol Accessed 17 Mar 11

Sept 2, 10, Haberman, Clyde, "Here's a Way to Lengthen Men's Lives"
http://www.nytimes.com/2010/09/03/nyregion/03nyc.html?ref=guncontrol Last accessed 9 Aug 11

Nov 26, 11, Singer, Natasha, "How Freedom Group Became the Big Shot"
http://www.nytimes.com/2011/11/27/business/how-freedom-group-became-the-gun-industrys-giant.html?ref=business
Last accessed 27 Nov 11

Jan 26, 13, McIntire, Mike, "Selling a New Generation on Guns"
http://www.nytimes.com/2013/01/27/us/selling-a-new-generation-on-guns.html?ref=us&_r=0 Last accessed 27 Jan 13

Feb 20, 13, Barringer, Felicity, "In Montana Town's Hands, Guns Mean Cultural Security"
http://www.nytimes.com/2013/02/21/us/in-montanas-kalispell-guns-are-a-matter-of-life.html?ref=us Last accessed 21 Feb 13

Apr 17, 13, Luo, Michael, Mike McIntire and Griff Palmer, "Seeking Gun or Selling One, Web Is a Land of Few Rules"
http://www.nytimes.com/2013/04/17/us/seeking-gun-or-selling-one-web-is-a-land-of-few-rules.html?hp&_r=0 Last accessed 17 Apr 13

Jun 2, 13, Steinhauer, Jennifer, "Women in the Senate Confront the Military on Sex Assaults"
http://www.nytimes.com/2013/06/03/us/women-in-the-senate-gain-strength-in-rising-numbers.html?ref=us Last accessed 3 Jun 13

Aug 5, 13, Schwartz, Nelson D., "Moving Lock, Stock and Barrel"
http://www.nytimes.com/2013/08/06/business/wooed-by-gun-friendly-states-some-manufacturers-pull-up-stakes.html?hp
Last accessed 6 Aug 13

Dec 8, 13, De La Merced, Michael J., "Cerberus, Gun Maker's Owner, to Offer A Way Out to Its Investors"

Nov 3, 09, Fahrenthold, David A. and Fredrick Kunkel, "Ammunition sales hit record high in first year of Obama administration"
http://www.washingtonpost.com/wp-dyn/content/article/2009/11/02/AR2009110202712.html?hpid=topnews　Last accessed 3 Nov 09

Oct 26, 11, Saad, Lydia, "Self-Reported Gun Ownership in U.S. Is Highest Since 1993: Majority of men, Republicans, and Southerners report having a gun in their households"
http://www.gallup.com/poll/150353/Self-Reported-Gun-Ownership-Highest-1993.aspx　Last accessed 19 Aug 13

Oct 25, 13, Saad, Lydia, "S. Remains Divided Over Passing Stricter Gun Laws: Opposition to banning handgun ownership remains at record-high 74%"
http://www.gallup.com/poll/165563/remains-divided-passing-stricter-gun-laws.aspx　Last accessed 12 Nov 13

Oct 28, 13, Swift, Art, "Personal Safety Top Reason Americans Own Guns Today: Second Amendment rights, job with police or military are lower on list"
http://www.gallup.com/poll/165605/personal-safety-top-reason-americans-own-guns-today.aspx　Last accessed 29 Oct 13

Jan 8, 14, Jones, Jeffrey M., "Record-High 42% of Americans Identify as Independents: Republican identification lowest in at least 25 years"
http://www.gallup.com/poll/166763/record-high-americans-identify-independents.aspx　Last accessed 27 Mar 14

May 28, 14, Jones, Jeffrey M., "Conservative Lead on Social and Economic Ideology Shrinking: On social issues, 34% identify as conservative and 30% as liberal"
http://www.gallup.com/poll/170741/conservative-lead-social-economic-ideology-shrinking.aspx?utm_source=alert&utm_medium=email&utm_campaign=syndication&utm_content=morelink&utm_term=Politics
Last accessed 2 Jun 14

Oct 31, 14, Swift, Art, "Less Than Half of Americans Support Stricter Gun Laws"
http://www.gallup.com/poll/179045/less-half-americans-support-stricter-gun-laws.aspx　Last accessed 25 Jul 15

新聞など

N21（***NEWS21***）

Last accessed 14 Oct 14

LCTPGV[The Law Center to Prevent Gun Violence]

Oct 30, 13, "Gun Shows Policy Summary"
http://smartgunlaws.org/gun-shows-policy-summary/
Last accessed 9 Jan 15

NCSL[National Conference of State Legislaures]

Oct 5, 15, Staff, "Guns on Campus: Overview"
http://www.ncsl.org/research/education/guns-on-campus-overview.aspx
Last accessed 3 Nov 15

PRC[The Pew Research Center]

Jun 26, 14, The Pew Research Center, "Beyond Red vs. Blue: The Political Typology: Section 10: Political Participation, Interest and Knowledge"
http://www.people-press.org/2014/06/26/section-10-political-participation-interest-and-knowledge/ Last accessed 16 Nov 14

Jul 15, 14, Morin, Rich, "The demographics and politics of gun-owning households"
http://www.pewresearch.org/fact-tank/2014/07/15/the-demographics-and-politics-of-gun-owning-households/ Last accessed 8 Mar 16

Jul 24, 14, The Pew Research Center, "GOP Has Midterm Engagement Advantage: But 'Enthusiasm Gap' Narrower than in 2010"
http://www.people-press.org/2014/07/24/gop-has-midterm-engagement-advantage/ Last accessed 17 Nov 14

PRRI' s[The Public Religion Research Institute]

Aug 15, 12, Monthly Religion News Surveys, "Slim Majority of Americans Support Passing Stricter Gun Control Laws"
http://publicreligion.org/research/2012/08/august-2012-prri-rns-survey/
Last accessed 14 Oct 14

世論調査など

GP[*The Gallup Poll*]

Nov 2, 04, Jones ,Jeffrey M. and Joseph Carroll, "Music, Cars, and the 2004 Election"
http://www.gallup.com/poll/13942/Music-Cars-2004-Election.aspx
Last accessed 27 Mar 14

Last accessed 16 Oct 14

CDC[The Centers for Disease Control and Prevention]

2010b, "10 Leading Causes of Injury Deaths by Age Group Highlighting: Violence-Related Injury Deaths, United States – 2010"
http://www.cdc.gov/injury/wisqars/pdf/10LCID_Violence_Related_Injury_Deaths_2010-a.pdf Last accessed 10 Apr 14

FBI[The Federal Bureau of Investigation]

Sept 24, 14(released), "A Study of Active Shooter Incidents in the United States Between 2000 and 2013"
http://www.fbi.gov/news/stories/2014/september/fbi-releases-study-on-active-shooter-incidents/pdfs/a-study-of-active-shooter-incidents-in-the-u.s.-between-2000-and-2013 Last accessed 25 Sept 14

Oct 2014(updated), "National Instant Criminal Background Check System"
http://www.fbi.gov/about-us/cjis/nics/reports Last accessed 24 Nov 14

US Census Bureau, Population Division, Mar 2014, "Estimates of the Components of Resident Population Change: April 1, 2010 to July 1, 2013"
http://factfinder2.census.gov/faces/tableservices/jsf/pages/productview.xhtml?src=bkmk Last accessed 26 Jun 14

団体の報告書など

BI[The Brookings Institute]

May 9, 10, Staff members, "Report Overview: The State of Metropolitan America"
http://www.brookings.edu/~/media/series/metroamericachapters/metro_america_overview Last accessed 19 Nov 14

Feb 24, 11, Berube, Alan and Carey Anne Nadeau, "Metropolitan Areas and the Next Economy: A 50-State Analysis"
http://www.brookings.edu/about/programs/metro/~/link.aspx?_id=9BCFD568EF4C448F9DCF021261A4EE0F&_z=z
Last accessed 15 Nov 14

CI[The Cato Institute]

Sept 23, 14, Samples, John and Emily Ekins, "Public Attitudes toward Federalism: The Public's Preference for Renewed Federalism"
http://object.cato.org/sites/cato.org/files/pubs/pdf/pa759_web.pdf

参考文献

著書、論文

Barry, Jeffrey M. and Clyde Wilcox, 2009, *The Interest Groups*, Fifth Edition, New York: Pearson Education, Inc

Drexler, Madeline, ed., Spring 2013, "Special Report: Guns & Suicide: The Hidden Toll," Harvard Public Health, pp.25-35. http://www.hsph.harvard.edu/news/files/2013/05HPHSPRING2013 gunviolence.pdf Last Accessed 8 Dec 13

Lazarus, Richard J., 2014, "The (Non)Finality of Supreme Court Opinions" (128 HARV.L.REV.) http://www.law.harvard.edu/faculty/rlazarus/docs/articles/LazarusRichardTheNonFinalityOfSupremeCourtOpinionsFullVersion21May14.pdf Last accessed 2 Jun 14

Miller, M. and D. Hemenway, 2008, "Guns and Suicide in the United States," *The New England Journal of Medicine*, 359: 672-3. http://www.nejm.org/doi/full/10.1056/NEJMp0805923 Last accessed 17 Oct 14

Nisbett, Richard E. and Dov Cohen, 1996, *Culture of Honor: The Psychology of Violence in the South*, Westview Press(石井敬子・結城雅樹編訳、2009、『名誉と暴力―アメリカ南部の文化と心理』、北大路書房)

Shaiko, Ronald G., and Mark A. Wallace, 1998, "Going Hunting Where the Ducks Are," Bruce, ,John M. and Clyde Wilcox, eds., The Changing Politics of Gun Control, Lanham, MD: Rowman & Littlefield

Spitzer, Robert J., 2012, *The Politics of Gun Control*, 5th Edition, Boulder: Paradigm Publishers

Tushnet, Mark V., 2007, Out of Rage: Why the Constitution Can't End the Battle over Guns, Oxford: Oxford University Press

Wilson, Harry, L, 2007, Guns, Gun Control, and Elections: *The Politics and Policy of Firearms*, Lanham: Rowman & Littlefield Publishers, Inc.

政府刊行物など

BJS[Bureau of Justice Statistics]

May 2013, *Special Report: Firearm Violence, 1993-2011*, Office of Justice Program, U.S. Department of Justice http://www.bjs.gov/content/pub/pdf/fv9311.pdf

[著者紹介]
鵜浦　裕（うのうら　ひろし）

1955年　石川県生まれ
1984年　上智大学大学院博士課程修了、上智大学文学博士（1989）

現職

文京学院大学外国語学部教授

主な著作

『講座進化論第2巻進化思想と社会』（分担執筆、pp.119-55）、東京大学出版会、1991年9月（x + 236p、ISBN4-13-064212-X）
『進化論を拒む人々―現代アメリカにおける創造論運動―』、勁草書房、1998年11月（xi + 209p、ISBN4-326-65219-5）
『チャーター・スクール―アメリカ公教育における独立運動―』、勁草書房、2001年7月（xxii + 328p、第2刷2002年3月、第3刷2004年3月、ISBN4-326-29870-7）

現代アメリカのガン・ポリティクス　〔検印省略〕

2016年 11月 20日　初 版　第1刷発行　※定価はカバーに表示してあります。

著者©鵜浦　裕 ／ 発行者　下田勝司　印刷・製本／中央精版印刷

東京都文京区向丘1-20-6　郵便振替00110-6-37828
〒113-0023　TEL（03）3818-5521　FAX（03）3818-5514

発行所　株式会社 東信堂

Published by TOSHINDO PUBLISHING CO., LTD
1-20-6, Mukougaoka, Bunkyo-ku, Tokyo, 113-0023, Japan

E-mail：tk203444@fsinet.or.jp　http://www.toshindo-pub.com

ISBN978-4-7989-1402-2　C1036　©Hiroshi Unoura

東信堂

2008年アメリカ大統領選挙 —オバマの勝利は何を意味するのか	吉野孝・前嶋和弘 編著	二〇〇〇円
オバマ政権はアメリカをどのように変えたのか —支持連合・政策成果・中間選挙	吉野孝・前嶋和弘 編著	二六〇〇円
オバマ政権と過渡期のアメリカ社会 —選挙、政党、制度メディア、対外援助	吉野孝・前嶋和弘 編著	二四〇〇円
オバマ後のアメリカ政治 —二〇一二年大統領選挙と分断された政治の行方	吉野孝・前嶋和弘 編著	二五〇〇円
ホワイトハウスの広報戦略 —大統領のメッセージを国民に伝えるために	M・J・クマー 吉牟田剛 訳	二八〇〇円
「帝国」の国際政治学—冷戦後の国際システムとアメリカ	山本吉宣	四七〇〇円
アメリカの介入政策と米州秩序 —複雑システムとしての国際政治	草野大希	五四〇〇円
国際開発協力の政治過程 —国際規範の制度化とアメリカ対外援助政策の変容	小川裕子	四〇〇〇円
現代アメリカのガン・ポリティクス	鵜浦裕	二〇〇〇円
暴走するアメリカ大学スポーツの経済学	宮田由紀夫	二六〇〇円
北極海のガバナンス	奥脇直也・城山英明 編著	三六〇〇円
政治学入門	内田満	一八〇〇円
政治の品位—日本政治の新しい夜明けはいつ来るか	内田満	二〇〇〇円
海外日本人社会とメディア・ネットワーク —パリ日本人社会を事例として	吉原直樹・今野裕昭・松本行真 編著	四六〇〇円
移動の時代を生きる—人・権力・コミュニティ	大西仁・吉原直樹 監修	三二〇〇円
国際社会学の射程 国際社会学ブックレット1 —日韓の事例と多文化主義再考	西原和久・芝真里 編訳	一二〇〇円
国際移動と移民政策 国際社会学ブックレット2 —社会学をめぐるグローバル・ダイアログ	有田伸・山本かほり・西原和久 編著	一〇〇〇円
トランスナショナリズムと社会のイノベーション 国際社会学ブックレット3 —越境する国際社会学とコスモポリタン的志向	西原和久	一三〇〇円

〒113-0023　東京都文京区向丘 1-20-6　TEL 03-3818-5521　FAX03-3818-5514　振替 00110-6-37828
Email tk203444@fsinet.or.jp　URL:http://www.toshindo-pub.com/

※定価：表示価格（本体）＋税